Zen para no iluminados

Eva Reyes – Curro Ortiz

Idea original y diseño de la portada: Curro Ortiz

Ilustración de la portada: Viorika Zagórowska

Maquetación de la portada: Carlos de la Rocha

ISBN: 9798636615491

AGRADECIMIENTOS DE CURRO ORTIZ

Gracias a mis maestros, de quienes he adquirido el conocimiento, la inspiración y motivación para realizar este camino de entrega y trabajo.

Gracias a la confianza y al amor, que me permiten integrar y seguir creando conceptos para el método OM training y en beneficio de todos los seres.

Gracias a la VIDA, que es la mayor de las maestras, y a la consciencia que me da las herramientas para estar atento, aprender y seguir creciendo.

Gracias a mi hijo, Currete. Tu concepción y llegada a esta vida fue lo que provocó en mí el inicio de cambio de paradigma, la búsqueda de mi esencia y la generación de honestidad entre mis pensamientos, mis palabras y mis acciones.

Gracias, Susana, por haber estado junto a mí en todos mis momentos desde los 20 años, en los buenos y en los peores, y, justo en estos, haber confiado y respetado mi instinto y destino, aun siendo este un túnel en el que no veías salida. Sin duda, este es el mayor ejemplo de amor incondicional y sin ti, tu apoyo, aprendizaje a tu lado, no sería hoy el hombre que soy. Gracias por mantener este código de respeto, amor y honor que forja la familia que somos juntos los tres.

AGRADECIMIENTOS DE EVA REYES

Gracias a todas las personas increíbles que forman parte de mi vida, esos seres maravillosos a los que quiero y que me quieren, porque cada sonrisa, cada abrazo, cada ratito compartido, me alimenta el alma.

Gracias (también) a todas las situaciones y personas que suponen un reto, porque todo, absolutamente todo, es un aprendizaje que me ha traído a este momento... Y no querría estar en ningún otro instante que no fuera este dulce presente.

ÍNDICE

LA VIDA

EL RETIRO

EPÍLOGO Y NOTAS DE LOS AUTORES

"Las enseñanzas son semillas que se siembran en el corazón y que van germinando y creciendo por Wu Wei. Cuanto más entrenes, cuanto más prepares tu mente, más fértil serás para esas semillas" (Curro Ortiz).

PRÓLOGO

Oigo unos pasitos que se acercan intentando no hacer mucho ruido, unos piececitos descalzos que vienen a mi encuentro. Si no supiera perfectamente que eres tú, pensaría que es un gato que quiere ir a dar una vuelta bajo la luz de la luna.

He estado escuchando que fuera el viento agitaba las ramas, que caían las primeras gotas de lluvia, y sé que a veces te asustas y quieres hablar conmigo. Sonrío al verte llegar con el osito de peluche en una mano y tus ojos negros iluminándose al ver que estoy aquí.

—Ven, pequeña, hablemos un rato.

Extiendes tus brazos hacia mí. En eso somos iguales: viviríamos en un abrazo. Te siento en mi regazo y te acerco a mi pecho. Nuestros corazones se reconocen como los gemelos que son y acompasan sus latidos como si fueran dos bailarines perfectamente sincronizados.

Me separo suavemente de ti y nos sentamos en el suelo mirándonos. Nuestras rodillas se rozan.

—Dime, ¿qué te pasa? ¿Por qué estás aquí?

Te lo pregunto, aunque ni siquiera hace falta que contestes, porque tú eres yo misma hace unos cuantos años, hace unos cuantos meses o hace tan solo unos segundos.

Eres la niña que habita en mí y que a veces necesita conectar con esto en lo que me he convertido, con esta otra yo que ha despertado.

La revolución de los últimos meses no se ha fraguado en un instante. Cuando empiezas a ser consciente de la partida que has elegido en esta vida y de las reglas del juego que se supone que te atan, es cuando tienes que decidir si las aceptas o si has venido a dinamitar los límites y, si percibes pólvora corriendo por las venas, ya sabes la respuesta.

No he llevado la vida que se supone que tenía que vivir; no he hecho lo que se supone que tenía que hacer. En el seno de una familia con unas ideas muy definidas de moral, religión, conducta, prioridades y creencias, me cuestioné toda esa amalgama y empecé a sentir que de ningún modo esa era yo. Es duro romper con todo, con los patrones que te han acompañado siempre, con las personas que sí aman esas reglas, las mismas que les impiden seguir manteniéndote en su círculo. Duele, porque les quieres y te quieren, pero llega un momento en que es supervivencia, llega el día en que sabes que ese no es tu mundo y tus pulmones no pueden seguir respirando en él ni tu corazón latiendo. Tu cerebro, que solo busca mantenerte con vida, deja de susurrar y empieza a levantar la voz y dice que te vayas, que encuentres tu camino, que no pares hasta ser libre. Y esos gritos no se pueden obviar: obedeces o enloqueces. Puede parecer una decisión fácil, pero solo hay que observar alrededor y ver que hay muchas miradas vacías.

Empecé a crear mi propio universo. Al principio se reducía a apenas una baldosa y luego a unos cuantos metros cuadrados pero, enseguida, al contrario de lo que me habían vaticinado desde la infancia y yo creído a pies juntillas, se fue llenando de seres maravillosos que me ayudaban a expandir mi espacio y a llenarlo de luz y color. Un día comencé a practicar yoga y pronto me vi rodeada de bosques, playas, montañas e inmensos prados.

Y hace unos meses me topé con OM Training y con Curro Ortiz, su creador, tras un cúmulo de causalidades (que no de casualidades), sin tener ni idea de lo que significaría para mí.

Mi amiga Mercedes, que trabaja coordinando el Hara Festival, me propuso irme con ella los días previos, los del montaje y preparación. En esos primeros tres días que estuve colaborando con los diferentes miembros de la organización, me sentí inmensamente feliz. Éramos como una pequeña familia de hormiguitas que no paraba de hacer cosas, pero siempre con una sonrisa. Bailábamos, colocábamos moqueta, comíamos entre bromas, hacíamos carteles, les conté mi pasado mientras cenábamos en un hindú, realizábamos compras de última hora, decorábamos el hotel...

Con Curro me sucedió eso que dicen, que hay personas a las que conoces y parece que son amigos tuyos desde siempre. Hay teorías de que en realidad es eso lo que pasa: que son amigos íntimos de otras vidas y pactas con ellos volverte a encontrar una y otra vez. No lo sé. El caso es que el primer día que amanecí en las instalaciones, fui a hacer yoga porque temía que pensaran que era una vaga si no me levantaba. Cuando llegué a la sala solo estaba él. Me acerqué, medio dormida y con bastante vergüenza, y el abrió los brazos invitándome a acercarme. Y parecía un sitio tan seguro... Estuvimos unidos en ese abrazo muchos minutos y fue la primera vez que confié en él, en ese gigante que me acogía, y noté que aflojaba todo mi cuerpo para fundirme con una persona a la que acababa de conocer hace unas horas y que me daba igual el mundo. Esa noche le escribí que sus abrazos fundían corazas, porque eso fue exactamente lo que sentí.

Los días siguientes fuimos pasando ratitos juntos, hablando de nuestras vidas y conociéndonos más. Empecé a preguntarle qué era OM Training. Como había leído algo de "Occidental Meditation" creía que era una práctica tipo Mindfulness. Cuando me contó muy por encima lo que era, me asusté y le contesté que yo no iba a ser capaz de aguantar esa parte física del entrenamiento que me describía. Fue la primera vez que me dijo una frase, que me repetiría muchas veces esos días: "Tú eres una guerrera".

El día que empezaba el festival no paramos de ultimar detalles. A unas horas de que llegara el público fui a ver a Mercedes. Me sentía muy nerviosa y asustada: era la primera vez que estaba en un evento de esas características y comencé a cuestionarme qué pintaba yo allí. Mercedes, que detecta mi estado de ánimo a cientos de kilómetros de distancia con un simple "Hola", estaba a solo unos centímetros, así que me miró y preguntó: "¿Estás bien?". Yo respondí: "Sí", a lo que ella soltó todo lo que tenía en las manos y contestó: "No, no estás bien". Comencé a llorar y estuve como media hora abrazada a ella sin poder cerrar esas compuertas que se habían abierto. Lo único que acerté a decir en todo ese tiempo fue: "Me da miedo no haber encajado donde estaba y ahora no encajar tampoco aquí, no volver a encajar nunca en ningún sitio".

Cuando logré calmarme un poco, Mercedes me dijo: "¿Qué necesitas para estar mejor?". Y yo, con miedo a que se sintiera menospreciada y con vergüenza de lo que pudiera pensar, contesté: "Quiero ver a Curro". Mi amiga, que es un amor, me dijo que lo proyectara y fuera a buscarle. Así que bajé al comedor y allí, entre un montón de ayudantes y facilitadores que ya habían ido llegando, había un sitio a su lado en la mesa en la que estaban comiendo. Me miró a los ojos y me cogió la mano. Intenté comer pero le abracé y le dije lo mismo que le había dicho a Mercedes. Él se separó, me miró a los ojos y me dijo bajito: "Todo está en tu cabeza". Volvió a abrazarme y me dijo al oído: "Eres maravillosa". Aún hoy, cuando dudo de mí, me repito esas frases frente al espejo.

Con todo esto quiero decir: ¿cuándo nos convertimos en amigos?, ¿cuándo empezó a ser mi gurú?, ¿cuándo comencé a confiar plenamente en él? Todo es muy relativo, ¿no?

El día en que por fin fui a su taller "Reconociendo tu poder interior", me encontré manteniendo unas posturas que me hacían temblar, mientras unos mantras reinventados retumbaban a muchos decibelios en mis oídos y Curro repetía: "Confía"... Y yo, que hasta ese momento había meditado en un zafú y tenía la absurda idea de que esa era la única manera correcta de hacerlo, empecé a reconocer una vibración interior que crecía y me transportaba hasta lo más hondo de mi ser, provocando un estado de vacío absoluto donde me pude asomar a mi verdadera esencia de amor y paz. Así de simple y así de complejo.

El domingo tocaba despedirse y mi amigo/gurú sembró muchas frases en mi mente. Rozó Ajna con sus dedos y me dijo: "Piensa siempre positivo, no quiero que vuelvas a decirte nada malo: eres increíble". También: "Todo lo bueno que ves en mí es porque tú también lo eres, recuerda los espejos". Repasamos esos días de festival, todo lo vivido, todo lo aprendido, y fue una de esas conversaciones que guardaré siempre en mi corazón.

Las siguientes semanas fueron duras. Echaba de

menos el ambiente del festival, los talleres, los abrazos, los amigos... Me sentía sola y desamparada. Muchas cosas se habían movilizado en mí y ahora no sabía cómo seguir trabajándolas. Sabía que OM Training era fundamental en mi evolución, pero no sabía cómo llegar a ese estado al que el taller me había transportado, pues no conocía el método. Hablaba con Curro a veces, pero vivimos lejos y me daba vergüenza ser una pesada molestando cada dos por tres. Solo me quedaba esperar dos meses, fecha en la que asistiría a otro taller de OM Training en otro festival: Luz del Sur.

Cuando vi a Curro a unos metros no me lo podía creer. Nos abrazamos y volví a sentirme en casa. "¡Soy tu ayudante en el taller de OM Training!", le dije, y él sonrió y contestó: "Ya me lo imaginaba".

El taller se hizo al aire libre, debajo de unos pinos adornados con bombillas de colores. La brisa nos acariciaba mientras vibrábamos. Volví a quedar fascinada. Lo disfruté aún más porque esta segunda vez fue de entrega absoluta y con total confianza: un acto de (dulce) rendición.

En los cinco días que duró el festival, volvimos a compartir muchos momentos. Hablamos de cómo nos había ido esos meses y recordamos batallitas del Hara. Hicimos más amigos, bebimos kombucha, asistimos a conciertos, fuimos juntos a algunos talleres... Después de uno de ellos, empezamos a hablar de esa amistad que se había forjado tan rápido y que despertaba sentimientos tan profundos en los dos. Me dijo que sentía que teníamos un largo camino por recorrer, que en él tenía un amigo para toda la vida, pero que además sentía que iba a ser mi maestro y yo iba a ser su discípula. Yo, que no cuento entre mis virtudes con la paciencia, quería saber cuándo, cómo... Pero Curro es más de fluir y bastante poco explícito a menudo, al menos para mi mente alemana (nací en Alemania y siempre bromeo con que eso ha marcado mi carácter).

El último día le pedí que me acercara a la estación de tren en su coche. Comenzamos una conversación trivial que desembocó en que le hiciera nuevas confesiones sobre episodios de mi vida. Al llegar, bajó del coche, cogió el mala que colgaba de mi cuello, lo mordió para comprobar si era de madera (tiene esas cosas que te hacen sonreír hasta en los momentos más solemnes) y me dijo: "¿Sabes cómo se utiliza?". Le contesté que era para contar mantras pero que yo solo lo llevaba de adorno (aunque en realidad para mí era como un anclaje, para recordarme a lo largo del día que había emprendido un camino que no debía dejar). Fue entonces cuando me puso mis primeros "deberes" formales como gurú. Debía hacer una visualización utilizando la apnea, quemando en el Hara el pasado y el futuro durante un mala completo. Me sentí tan feliz de empezar con técnicas concretas…

—El Hara se ubica tres dedos por debajo del ombligo. Ahí está el centro de poder, el generador de toda la energía, la chispa, el fuego interno… Por eso en las artes marciales, en boxeo y en muchos otros deportes de acción se dice que los golpes deben sacarse desde la cintura. En el Hara es donde generamos conscientemente el fuego de la transformación e impulsor de energía hacia el resto de órganos del cuerpo. Es vida y es muerte, de hecho los samurái se entregaban a la muerte a través del Harakiri… En ese fuego es donde vas a quemar pasado y futuro.

Al llegar a Madrid le mandé un audio, agradeciéndole lo mucho que me había cuidado durante el festival, lo bien que lo habíamos pasado y esta faceta de maestro más formal que había comenzado (digo "más formal" porque no he dejado de aprender desde el minuto uno a su lado). Me emocioné y fue un mensaje largo y entre lágrimas por muchos motivos, repasando todo lo vivido desde el Hara Festival y las confesiones sobre mi vida que le había hecho y que sentía que me condicionaban.

Al día siguiente me contestó con más "deberes": mirarme al espejo todos los días con dulzura diciéndome que no estaba sola y que era preciosa, hacer otro mala diario durante 21 días diciendo: "Agradezco el pasado y los maestros que me han hecho ser y estar donde estoy" y fluir con la vida. Su frase final fue: "CONFÍA, ÁMATE INCONDICIONALMENTE Y JUEGA", así escrito en mayúsculas.

A la semana hablamos y le conté que me sentía muy bien, como si estuviera invirtiendo en mí. Que a veces en el espejo me pedía perdón por haber sido una "capulla" conmigo misma. Él me recordó: "Sé compasiva", algo que no estaba acostumbrada a aplicar mucho a mi persona.

A los 21 días me pidió que le contara cómo iba todo el trabajo que estaba haciendo. Yo había estado dándome un masaje con un amigo común, que trabaja la fascia y los órganos internos, diciéndote las emociones que se esconden detrás de las dolencias de tu cuerpo. Estaba removida y frustrada por no avanzar más rápido. Tampoco sentía que lograra agradecer mi pasado, más bien era aceptación. Todo esto se lo expliqué en un audio, con la voz quebrada, que duraba 3:33. Me contestó "333" y me mandó el significado en numerología: que era un número con un trasfondo maravilloso, repleto de luz y esperanza; que mis maestros querían que fuera una fuente de amor a mi alrededor; que se me pedía agradecimiento y confianza en que todo el sufrimiento acumulado a lo largo de mi vida era beneficioso para que practicara el perdón y la autosanación; que estaba preparada para un salto de conciencia y dejar de sentirme pequeña e incapaz; que conocería a gente que aliviaría mi sufrimiento en muy poco tiempo... Aluciné.

Ese día me dijo muchas cosas: que era una guerrera de luz fuerte y que me movía el amor; que agradeciera el pasado porque era lo que era hoy gracias a él; que en cada cosa que hiciera, cada segundo, sintiera el amor en el pecho (e hicimos un ejercicio de sentir el corazón en apnea a la vez, unidos, a pesar de estar a cientos de kilómetros de distancia); que siguiera haciendo el ejercicio del espejo; que, en el mantra de agradecer el pasado, metiera amor y compasión pero de forma radical, con plena consciencia; que iba a diseñar un entrenamiento para que lo hiciera en casa todos los días. Me dijo: "Recuerda quién eres ahora, solo recuerda eso. El pasado es pasado y ha sido el vehículo para traerte aquí". Me sentí tan agradecida y feliz... Tan nerviosa de empezar otra etapa de más compromiso pero tan serena de estar en sus manos...

Al día siguiente me mandó una Playlist de canciones maravillosas. Me siguen reconfortando el alma cada vez que las escucho. Una dice: "Cuanto más amor das, mejor estás" y luego el cantante añade: "Y así 'tol' rato bro" y se ha convertido en una especie de código que repetimos de vez en cuando. Ese mismo día me dijo que íbamos a empezar a entrenar on line en un par de días. Y así empecé con la práctica *22 días non stop*.

Mil pequeños pasos me han traído al lugar y al momento que vivo ahora.

En esos 22 días trabajé la fuerza, el amor interno, el orgullo, la confianza y el amor expansivo a través del ejercicio físico, de visualizaciones, técnicas de respiración y meditación. Comparo quién era y quién soy y no puedo creer que haya pasado tan poco tiempo y que yo haya cambiado tanto respecto a mí, con los demás y en mi visión del mundo en general. Ha habido días con sensaciones increíbles y días en los que he entrenado llorando, pero cada segundo ha merecido la pena.

Concentro mi mirada en tus pupilas negras, que están dilatadas por la poca luz (es de noche y solo hay unas cuantas velas encendidas). Te sonrío y tú también sonríes: te encanta que te cuente esta historia de cómo he llegado hasta aquí. Sabes que ahora soy capaz de verte y ayudarte gracias a todo este trabajo. A veces me pongo un poco triste por no haberte atendido antes, por no haber podido protegerte de situaciones que no tendrías que haber vivido, por (incluso) culparte de ellas… Ahí, sin embargo, tú me muestras ese corazón inmenso, inocente y puro que me tranquiliza a mí (el mundo al revés).
—¿Qué te pasa, pequeña? ¿Por qué te has despertado?
Miras nerviosa a un lado y al otro. Sé que a veces te sientes frágil, sé que a veces te rompes en mil pedazos en un instante. Siempre te digo que no pasa nada, que aprenderás a recomponerte con consciencia y coraje, que a medida que sigas forjando tu poder interior, te romperás menos y que, en definitiva, no pasa nada por romperse de vez en cuando: si te abrazas con compasión y con amor, todo acaba desvaneciéndose. A mí también me sucedía.
—Todo lo que te ha pasado, te pasa y te pasará, ya lo has vivido y ya lo has superado, no hay nada que pueda hacerte daño, ¿lo sabes?
Da igual cuantas veces te diga esta frase, siempre abres mucho los ojos con sorpresa. Esa reacción tuya, me hace reír y despierta en mí mucha ternura. Me inclino hacia ti y te acaricio el pelo, apartando uno de esos mechones que son una cascada de rizos, para ver mejor tu carita.

—Te quiero y siempre estoy aquí para guiarte. Nunca estás sola, mi niña preciosa.

Vuelves a acurrucarte en mí, mimosa.

—¿Quieres que te cuente cómo fueron esos 22 días?

Emites una especie de ronroneo y sé que eso es un sí.

22 DÍAS NON STOP

DÍA 1

Primer día de entrenamiento online y unas horas antes llega una pregunta trascendental de mi gurú:

—¿Tienes mano de mortero en casa? ¿Tienes cuenco tibetano?

Me hace gracia, porque no sé si voy a entrenar o a hacer un alioli.

—Cuenco sí, con su mano de mortero (que no sabía que se llamaba así). Del de ajos no…

Curro ríe la ocurrencia de esta alumna un poco loca que le ha tocado…

Paso todo el día muy nerviosa, muerta de curiosidad y ganas. En eso sigo siendo como una niña pequeña, con el corazón desbocado cuando algo me ilusiona. También soy muy impaciente. Intento trabajarlo o, al menos, disimularlo pero ninguna de las dos cosas se me da demasiado bien.

Cuando por fin conectamos por videoconferencia, me doy cuenta de que hoy la tecnología no va a ser mi cómplice… La cámara de mi ordenador está muy baja y no hay manera de verme entera sin construir ángulos imposibles con diferentes cuñas improvisadas. La imagen está borrosa, la luz es rara, no sé conectar bien el micro…

Curro está risueño y tranquilo, sin un ápice de

impaciencia ni tensión, pero no logro calmarme. Empieza a contar cómo va a ser el entrenamiento y me voy agobiando por momentos... Pienso que no me voy a acordar, que no voy a aguantar, que no voy a saber hacerlo bien, que dónde me he metido, que voy a hacer el ridículo, que voy a decepcionarle, que se va a dar cuenta de que soy un fraude... Por momentos tengo ganas de echarme a llorar. Hay cosas para las que soy tan insegura...

Todas estas sensaciones que a veces se apoderan de mí, mejorarán mucho después de los 22 días: ganaré confianza, me sentiré mucho más fuerte, con menos miedos... ¡Pero era el primer día y yo no lo sabía!

Lo que se espera de mí es que entrene a diario y que, después, escriba siempre unas palabras, aunque sea para decir que no he sentido nada, que diga la verdad.

Otra chica, Carolina Gambin, también va a formar parte de este reto de 22 días. Ambas compartiremos entrenamiento *online* una vez a la semana y nuestras sensaciones en un chat conjunto, aparte de nuestras apreciaciones en privado a Curro. Como cada una está en un proceso vital particular, en estas páginas yo me limitaré a relatar el mío, pero Carolina acabará convirtiéndose en compañera de equipo dentro de esta maravilla que es OM training.

Por el momento, esta semana el entrenamiento será de quince minutos y esta es la tabla que va explicándome Curro, como si fuese lo más sencillo del mundo:

PRIMER BLOQUE (4 minutos).
- *Minuto 1: sprint.*
- *Minuto 2: apretamos el cuenco frente al pecho.*
- *Minuto 3: sprint.*
- *Minuto 4: apretamos el cuenco frente al pecho.*

Corremos como si nos persiguiera Hacienda.
Apretamos el cuenco a muerte, máxima conexión muscular: bíceps, tríceps, hombros, trapecio, dorsales, abdomen.

SEGUNDO BLOQUE (3 minutos).

• *Minuto 1: harapush. Apretamos a tope la mano de mortero en el Hara: es la muerte en el acto de apretar hacia adentro y la vida en el de sacar hacia afuera desde el abdomen. Apretamos abdomen y riñones: fuego que quema los miedos y aflicciones.*

• *Minuto 2: box (ganchos), desde oblicuos. Sentir cómo arden, máximo bombeo y conexión de cadera. Quemar grasa abdominal y lateral.*

• *Minuto 3: volvemos al harapush.*

TERCER BLOQUE (3 minutos).

• *Minuto 1: armadillo. Abajo, en cuclillas, codos entre rodillas. Apretamos codos, rodillas, el cuenco con las manos, miramos un punto entre los pies... Subimos los glúteos 10 centímetros y aguantamos, exigiéndonos lo máximo. Estamos abajo generando fuego en toda la espina dorsal, para subirlo al lóbulo occipital y corona.*

• *Minutos 2 y 3: subimos muy lento el cuenco mirando al cielo en las palmas de las manos. Importante: conectamos los hombros y trapecio con el cogote y el lóbulo occipital. Metemos ahí toda la energía para generar espacio (vacío) en la corona.*

CUARTO BLOQUE (5 minutos).

• *5 minutos de meditación: bajamos el cuenco a la altura del Hara y lo apoyamos sin esfuerzo, trasmitiendo a ese punto toda la vibración generada.*

**Muy importante: TODO EL TIEMPO las piernas dobladas y los talones clavados en el suelo. Que la vibración que se genera no pare hasta el final.*
**El mantra con el que trabajaremos esta semana es: "Yo soy fuerza, yo soy raíz, confío".*

Ahí es nada. Y dicho esto, me pongo a entrenar mientras Curro me va guiando y corrigiendo con música motivadora de fondo.

Tengo la esperanza de que, ya que la cámara de mi ordenador es pésima, no se aprecie lo patosa que me siento. Nunca en mi vida he hecho un sprint. En una conversación posterior, Curro me dirá que es una excepción a lo de "talones clavados en el suelo", algo que seguramente habría deducido la mayoría de los mortales, pero que creo que yo no apliqué, dado lo lenta y torpe que me sentí en ese primer entrenamiento.

El corazón me late a mil, sudo un montón, me hago un lío varias veces, otras tantas tengo el cuenco al revés, no pongo las manos como son... En fin, no es un entrenamiento épico, no pasará a los anales de la historia del deporte. Aun así, al acabar me siento muy feliz y con ganas de entrenar todos los días y ver qué sucede. También tengo ganas de llorar, una mezcla rara... Mi cuerpo vibra, igual que en los talleres del verano, y eso me hace sonreír, como cuando te reencuentras con un viejo amigo.

Concluye el entrenamiento y acordamos hablar más tarde, tras reposar todas las sensaciones. Mi cuerpo sigue vibrando bastante tiempo después y siento que, durante un buen rato, todo el ruido mental se disipa. Me queda la sensación de que algo grande se ha puesto en marcha y que todo va a cambiar. Cierro los ojos y esa vibración me fascina...

Pero mi mente vuelve a tomar el control y me recuerda que tengo un montón de dudas, así que empiezo a preguntar mil cosas. Cuando recuerdo la conversación me da la risa, porque me voy poniendo de los nervios por momentos al intentar ordenar e integrar todo para esa semana.

—En lo de cuenco frente al pecho, ¿los brazos estirados o los codos doblados? Me has corregido pero no me acuerdo de si era aquí —comienzo el interrogatorio.

—Codos doblados.

—¿Y dónde me has dicho que estirara los brazos hacia delante?

—Mientras corrías, que te encogías mucho, ¿recuerdas?

(Qué me voy a acordar, pero no se lo digo).

—¿En el segundo sprint se corría con el cuenco? Perdona, que me cuesta un poco...

—Sí.

—Cuando lo haga dos veces ya me acordaré mejor.

—Tranquila.

—Vale, ¿el primer sprint sin cuenco y el segundo con cuenco? ¿Y los brazos siempre estirados? ¿O solo en el segundo?

—Confía. Todos con cuenco. Brazos estirados.

—¿De verdad sabes perfectamente cómo trabaja mi cerebro? ¿Lo que me has dicho antes?

En mitad del entrenamiento creo que, temiendo que me convirtiera en la primera alumna en morir de agobio en directo, al decirle que necesitaba interiorizar todo y que al día siguiente estaría mejor, Curro me ha dicho: "Tranquila, sé perfectamente cómo funciona tu cabeza".

—Te voy a hacer llegar el vídeo. Tranquila, vamos

juntos.

Este hombre tiene una paciencia infinita. Yo, respecto al entrenamiento en sí, sigo muy agobiada y empiezo a hacerme un esquema con todas las aclaraciones. Vuelvo a plantear dudas, como si en el armadillo hay que estar de puntillas o con los talones apoyados, y le mando dibujos para saber si he entendido bien la posición de las manos cuando sujetan el cuenco hacia el cielo... Sin embargo, estoy convencida de que sabe cómo me siento y de que me va a dar las herramientas y la confianza que necesito. Y me aferro a ese "vamos juntos" porque ahora mismo siento que es imposible que yo haga nada de esto sola. He rozado la calma al acabar de entrenar pero luego esa sensación se me ha resbalado entre los dedos.

Hago el resto de mis visualizaciones y vuelvo a equilibrarme un poco. Le paso los resultados a Curro, en parte para informarle y en parte para asegurarme de que no huya lejos en busca de otra alumna que no colapse en cinco segundos.

—Hoy mis sensaciones han sido un poco diferentes. Aparte del foco en el corazón y repartir esa sensación de amor por el cuerpo, he sentido orgullo (quizá porque lo has dicho en algún momento del OM training). Orgullo de ver dónde estaba y cómo estaba, y he sentido que cualquier cosa ha merecido la pena por estar aquí en este momento... Y luego mucha paz, en algún lugar profundo del que no quería volver (me ha costado volver, de hecho). No sabes hasta qué punto es increíble dónde estaba y dónde estoy...

Todo este proceso ha sido una montaña rusa para mí. A veces me siento muy pequeña, pero cada vez soy más consciente de mi fortaleza.

Hubo un tiempo en que no le contaba a nadie mi pasado. Temía el rechazo, que me vieran como un bicho raro. En un momento dado me di cuenta de que nadie entendería bien mi personalidad si no mostraba todas las piezas del puzle, porque soy un alma que busca calor, amistad y cariño con más intensidad de lo normal y que se ilusiona también por encima de los estándares oficiales, sorprendiéndose de que la gente se sienta a gusto conmigo por el simple hecho de cómo soy y no por pertenecer a una determinada comunidad donde, encima, no encajaba para nada. Ha habido momentos en que me he sentido tan sola en el mundo...

Mi familia es de una religión bastante estricta, con un código de conducta basado íntegramente en la Biblia y, por consiguiente, con muchas normas, prohibiciones y obligaciones. Desde pequeña, y durante toda tu vida, te sientes apartada del mundo en muchos aspectos: no celebras cumpleaños, ni Navidad, ni sales a discotecas, ni está bien visto que tengas amigos que no sean de esa misma religión... Debes ir a un montón de reuniones, ir por las casas hablando de tu fe, estudiar la Biblia... Es muy largo de contar, pero basta decir que, resumiendo, "dentro" se supone que estás protegido y "fuera", en el mundo, todo son peligros y estás solo.

Como he contado en el prólogo, nunca me sentí identificada con ese modo de vida y creencias y llegó un día en que, sin haber dado el más mínimo indicio a mis "amigos" de dentro ni a mi familia, no volví. No me presionaron demasiado porque me cuesta mucho tomar decisiones, tenía 32 años, pero una vez que lo hago es porque estoy segura de ellas y estoy dispuesta a asumir las consecuencias.

Mis "amigos" no volvieron a hablarme. Si lo dejas, eres una mala influencia y, además, deben aislarte para hacerte recapacitar. No es que sean malas personas, hay gente maravillosa como en todos lados, pero creen que es por tu bien y por su bien. Las cosas son así.

La familia también baja mucho la intensidad del trato limitándolo, salvo honrosas excepciones, a eventos un poco extraordinarios. Da igual: he estado dentro, sé lo que hay. Aunque aún el otro día, un pequeño miembro de mi familia, de solo 4 años, vino en una de esas celebraciones y me dijo: "Mala, eres mala" y se me partió el corazón. Quizá solo era un juego, y no una frase con la que le hubieran dado explicaciones de mí, pero… cuesta ser la oveja negra de la familia.

Pronto comprobé que, lejos de generar rechazo, mi historia provocaba bastante empatía. Casi siempre, al conocerla, me decían: "Eres muy valiente" y yo respondía con sorpresa que había sido pura supervivencia. También es verdad que alguna vez he asustado un poco con la velocidad de mis sentimientos… No sé, quizá el haber seguido tres décadas protocolos ajenos a mí, me hacen ser ahora como una niña que se encuentra con otra en un parque y le dice: "¿Quieres ser mi amiga?", sin darle tantas vueltas como un adulto. Y me encanta decir "Te quiero", porque quiero mucho a mi gente (y necesito que lo sepan).

Es reconfortante ir encontrando personas con las que compartir gustos, objetivos, curiosidad y crecimiento, porque en mi familia cosas como el yoga, la meditación, las energías, etc., son temas vetados de los que solo doy pequeñas pinceladas: lo justo para que conozcan un poco de mi vida sin incomodar demasiado.

En fin, por todo esto, cuando le dije a Curro esas palabras tras la visualización ("No sabes hasta qué punto es increíble dónde estaba y donde estoy..."), él contestó:

—Qué brutal. Irás viendo a dónde te lleva todo este proceso, querida amiga.

DÍA 2

Me he comprometido a entrenar 22 días seguidos pase lo que pase y hoy, el primer día de práctica sola, tengo una jornada de locos. Trabajo sin pausa hasta las 7 de la tarde y luego dispongo de media hora para parecer una chica que va de boda, porque se casan unos de mis mejores amigos.

Esa frase, "parecer una chica que va de boda", es la que llevo repitiendo estos días a todas las personas a las que les he explicado mi agenda de hoy. No digo "ponerme guapa" ni nada por el estilo porque hay muchas situaciones en las que no me siento a la altura, que es un eufemismo que en realidad significa que tengo mucho complejo de inferioridad en determinadas circunstancias. Las bodas son una de ellas. Cuando voy a ese tipo de eventos me siento disfrazada y a años luz del resto de mujeres cuidadosamente peinadas y maquilladas, con vestidos que les sientan espectacularmente bien y que parecen divertirse y no sentirse nada incómodas, cosa que a mí sí me pasa cuando estoy entre mucha gente. Esto se debe, además, a que no oigo por un oído, cosa que saben todos mis amigos pero que no puedo explicar cada segundo a todo el que me rodea, así que a veces la gente me habla por el lado que no oigo, no me entero ni de que hay alguien ahí, cuando me doy cuenta vuelvo a preguntar, en ocasiones opto por asentir avergonzada aunque no comprenda nada para que no lo tengan que repetir más... Si hay mucho ruido se convierte en un calvario descifrar y codificar todo por una única vía de entrada. Todo eso aumenta mis inseguridades.

Una de las cosas que espero lograr con OM Training es empoderarme, ganar en confianza, quererme más (lo que en el programa se llama "amor interno") y sentirme orgullosa. Así que por nada del mundo voy a faltar a mi compromiso y, menos, el primer día.

Me pongo el despertador una hora antes de lo normal, algo que jamás había hecho para entrenar sola, y me levanto feliz y con ganas de generar ese cambio.

Al tener la estructura más clara en mi cabeza y sentirme menos perdida, conecto mejor que el día anterior. Sin embargo, acostumbrada a entrenar en los festivales, se me hace un poco raro hacerlo sola, porque en los talleres hay una energía de grupo brutal que siempre me ha ayudado a sostener el esfuerzo físico y mental. Dudo de mi capacidad individual.

Cada vez que llega un sprint me siento un poco pato porque no he hecho nunca este tipo de entrenamiento explosivo y hace muchos años que dejé de correr. En el instituto desarrollé mucho pecho y se volvió un poco incómodo físicamente, por no hablar de los comentarios de los adolescentes con las hormonas revolucionadas, así que no sé si tengo buena técnica (al cabo de unos días insistiré en que me vea un amigo de confianza para que me diga si hago el ridículo y, hasta que no me jura y perjura que corro perfectamente, no me quedo tranquila: ¡hasta ese grado llegaban mis complejos!).

En la parte de boxeo estoy en mi salsa porque lo

practiqué con devoción 5 o 6 años hasta que una lesión me llevó al Pilates y luego al yoga (prueba de que, muchas veces, lo que parece una tragedia en un momento dado, se convierte en una puerta a cosas maravillosas).

En la posición de resiliencia en la que se sube el cuenco hacia el cielo, la vibración surge fácilmente. Luego, al bajarlo hacia el Hara para meditar, la seguiré notando con intensidad. Sin embargo, una vez que salga pitando a ducharme y a trabajar con la mente calculando estresada, se desvanecerá con rapidez. A lo largo de los 22 días, iré aprendiendo herramientas para que eso no suceda o para recuperarla, pero solo era el segundo día…

Cuando acabo los quince minutos, empalmo con el resto de visualizaciones que me ha ido sugiriendo Curro desde el verano. Siento que entro en un estado muy profundo, como si los canales estuvieran ya más abiertos y todo fluyera mejor.

Repito el mantra de: "Agradezco el pasado y los maestros que me han hecho ser y estar donde estoy" sintiendo el amor en el pecho. Cierro los ojos, inhalo a tope apretando el ano (para que la energía suba), aguanto la respiración, trago saliva y siento el corazón palpitar y transmitir ese mantra a cada célula de mi ser.

Me embarga una gratitud muy profunda y disfruto esa sensación del corazón mandando amor a cada célula. Además, me llega como un pensamiento susurrado: "Todo lo que has vivido hasta este momento (que fue lo que tú elegiste vivir antes de bajar), te ha preparado para donde estás. Te ha dado fuerza y sensibilidad para ti y para los demás. Ahora disfruta de todo lo que viene: te lo has ganado".

Durante unos minutos me siento invencible.

DÍA 3

La boda se alarga bastante y me acuesto casi al amanecer, pero sobre las once de la mañana estoy despierta. Pronto me pongo a planear a qué hora entrenaré hoy.

Nunca me ha gustado hacer ejercicio por la mañana. Incluso ahora que practico yoga, prefiero la tarde, a pesar de que muchos recomiendan empezar el día en la esterilla. Por la mañana mis músculos se quejan y están contraídos ¡y tengo sueño! Por la tarde me siento más flexible y, pase lo que pase durante el día, sé que tendré como recompensa cuidar un ratito de mí.

Todo esto pienso mientras tomo relajadamente un sorbo de té y me como la primera tostada.

De repente me acuerdo de que Curro me pidió que me pesara y midiera para poder comparar resultados al final del programa. Tengo una báscula de esas cutres en casa pero ni siquiera tiene pilas porque dejé de pesarme hace 4 o 5 años. Nunca en mi vida he sido delgada y llegó un punto en que me pesaba varias veces al día, así que decidí que se acababa esa esclavitud y que, al fin y al cabo, si te entran o no los vaqueros de siempre te da bastantes pistas de lo que está pasando en tu cuerpo.

Empiezo a calcular mentalmente cuantos gramos habré ingerido mientras me pongo un chándal y bajo a la farmacia maldiciendo mi despiste. Luego voy a un bazar chino a comprar un metro, porque he intentado rodear un muslo con el de medir estanterías y la cosa era un poco incómoda. Parezco muy organizada pero luego tengo estos momentos de caos cómico que me hacen reírme de mí misma.

De vuelta a casa, me pongo a apuntar los kilos que ha marcado la grosera de la báscula y las medidas de cadera, cintura, pecho, contorno de muslos y brazos, no sin antes buscar en Internet cómo y a qué altura se miden exactamente esas cosas: ¿con sujetador o sin?, ¿la cadera en la parte más prominente del glúteo o no? En fin, intento ser lo más concienzuda posible.

El té se ha quedado helado, así que me hago otro y retomo las tostadas, creyendo que por fin voy a estar tranquila. Sin embargo, pronto empiezo a notar una incipiente impaciencia creciendo en mí. El yoga me ha enseñado muchas cosas y una de ellas es a observar mis sensaciones y pensamientos, a estar más alerta.

Resulta que tengo muchísimas ganas de entrenar, cosa que me sorprende porque no es que sea yo una atleta vocacional. El problema es que a lo tonto he acabado de desayunar y en estas circunstancias me transformo en una madre de las que no te dejan bañarte en la playa si no has hecho la digestión. No sé si alguna vez me he puesto mala o qué, pero soy incapaz de hacer deporte si no han pasado dos horas desde que he comido. Así que intento distraerme sin mucho éxito mientras miro el reloj cada dos por tres.

Aunque cada fase del entrenamiento me supone su esfuerzo pertinente, los quince minutos se me pasan en nada... Me siento orgullosa de estar trabajando con un objetivo y cumplirlo (y encima con ganas).

También me encanta mi estado de calma al terminar porque, cuando empiezo con las otras visualizaciones, las potencia mucho. Hoy mi cuerpo se movía en una especie de danza espontánea, como si yo fuera un árbol bien enraizado y el viento meciera mis ramas.

Nuevamente me cuesta volver a la realidad (aunque no sé en cuál de los dos estados soy más yo) y le digo a Curro que si un día no aparezco, me busque a ver si me he quedado en algún universo paralelo flotando. Se lo digo así, entre emoticonos risueños, pero es un miedo que a veces me frena un poco en determinadas meditaciones. He oído leyendas urbanas de personas que se quedan "colgadas" tras hacer viajes astrales y cosas así, y a veces me impone pensar a qué estados podré llegar. Viniendo de donde vengo, no es tan extraño que tenga ciertos reparos. Así que yo, por si acaso, aviso a mi gurú, que le veo lo suficientemente fuerte como para traerme de las orejas si me quiero quedar levitando por ahí.

Al acabar me siento llena de paz y amor.

A Curro le parece muy bien todo pero luego te hace bajar al suelo con preguntas del tipo:

—¿Has sudado?

—Sí, claro. Y tengo la chichilla que cubre al Hara con cardenales, así que apretar estoy apretando…

—Eso es, morado a tope… Así te exprimes.

Esa mezcla de espiritualidad y cotidianidad me hace mucha gracia.

Por la tarde, ¡sorpresa!: manda un audio con la música del entrenamiento y sus instrucciones en cada fase, lo que es genial porque no hay que estar controlando los tiempos y, encima, anima un montón. Lo pongo unos segundos y sonrío, pero no quiero oírlo entero para sentir la novedad al día siguiente.

Me encanta todo esto.

DÍA 4

Me despierto de madrugada y noto que estaba durmiendo "en guardia" (posición de boxeo), "cerradita" para que no entraran golpes (no sé cuánto llevaría así porque estaba agarrotada y con mucho dolor en los hombros) y con el puño apretado y pegado a la cara, como me decía mi primer entrenador ("Tú siempre una mano en la carita para que no te hagan daño").

He pensado que a saber qué le está asustando a mi subconsciente, quizá salir de la zona de confort, quizá miedo a bucear en mí (porque salen muchas cosas que sanar también), pero me digo que en el harapush, uno de los ejercicios de esta semana, se queman miedos y aflicciones y que en unas horas seguirán ardiendo unos pocos... Eso me reconforta y tomo consciencia de lo comprometida que estoy con el programa. Sonrío y vuelvo a quedarme dormida.

Por la mañana me siento como si fuera Navidad. Bueno, nunca la he celebrado, pero me vienen a la cabeza imágenes de esas películas americanas en las que la familia baja corriendo unas escaleras para ver qué esconde el árbol. Sé que tengo el audio del entrenamiento ahí, como un regalo, y solo quiero abrirlo: cualquiera tiene paciencia para desayunar, digestión, etc., y menos para que llegue la tarde. Así que me levanto y ni me cambio: en pijama a darlo todo.

Oír la voz de Curro explicando los ejercicios, midiendo los tiempos y dando ánimos, me ayuda a conectar mucho más, a olvidarme de lo accesorio y a entrenar al 100%. Además, me transporta a los talleres de los festivales y me siento más acompañada.

En la meditación me despisto un poco porque empiezan a dolerme mucho los cuádriceps. Me repito que es solo la mente haciendo de las suyas e intento concentrarme. Separo un poco las piernas para que la posición sea más cómoda y en el audio oigo: "Yo soy la fuerza, sé que puedo porque ya lo he hecho", que es una frase que me encanta porque me traslada a mi primer taller de OM training en el Hara. Me parece estar oyendo la explicación de Curro entonces:

—Para que tú estés aquí, por debajo hay un padre y una madre. Si tiramos hacia abajo, tenemos dos pares de abuelos: cuatro. Si tiramos hacia abajo, ocho bisabuelos. Si tiramos hacia abajo, dieciséis, treinta y dos... Y así, tiramos la línea hacia abajo y es pura matemática… Entonces, tal cual entendemos las cuatro o cinco primeras generaciones, debemos entender las sucesivas. Por lo tanto, si tiramos una línea hacia abajo en tres mil años, incluso menos, dos mil años, lo que resulta es que en la base sale un número incontable. ¿Eso qué quiere decir? Que, para que tú estés aquí, han formado parte de tu "construcción" un número innombrable. Esto supone dos cosas: 1) Que no ha habido tanta población en la Tierra jamás para poder "construirte" a ti ni para poder "construir" a todos los seres que hay, con lo cual lo que nos enseña es que todos venimos del mismo sitio. Esto es un motivo de tranquilidad y confianza, el saber que no estamos solos, que somos parte de una gran red colectiva, que estamos conectados. 2) Que para que tú seas quien eres, igual que tienes el tipo de pelo que tienes por tu abuela o por tu bisabuela, tu sonrisa, el carácter…, por tu ADN corre absolutamente toda la información de todos tus ancestros y te puedo asegurar que tú ya has vivido absolutamente todo. En tus vidas pasadas has sido monja, has sido reina, rey, asesina, has sido asesinada, has violado, has sido rica, pobre, has sido un aborto, has sido todo… Eso significa, ni más ni menos, que en tu ADN, en tu piel, corre toda la información. De ahí que la intuición tenga la capacidad de hablarnos y darnos respuestas sobre las cosas que nos están sucediendo, porque son cosas que ya hemos vivido. En realidad, todo lo que estás viviendo ahora, es repetición de cosas que has vivido en otras vidas. Lo que hacemos, según vamos naciendo y vamos evolucionando, es adquirir consciencia, es decir, generar personajes, seres, más conscientes, más evolucionados. Seguramente tu "yo" de esta vida cuando muera será un "yo" más evolucionado que en todas las vidas anteriores, o por lo menos de eso se trata. De ahí el hecho de tener confianza, de ahí el hecho de entender que todo está bien, que ya lo has hecho, que tienes la fuerza y la capacidad de hacerlo…

Centrarme en eso me ayuda. Sin embargo, cuando más tarde se lo cuente a Curro me preguntará si en ese dolor de cuádriceps había vibración y no sabré qué responder. Ahí me doy cuenta de lo importante que es controlar bien los pensamientos. Soy solo consciente del ruido mental, del "Estira las piernas", y eso ha hecho que me pierda el resto. Me da la clave para ir trascendiendo momentos así:

"Es momento de dejar que todo lo interno se exprese y refleje. Así que, simplemente, obsérvalo y siente el orgullo de esa consciencia y capacidad de cambio. Obsérvate en cada postura, intenta verte desde fuera y exígete el máximo. Con cada latido repite: 'Yo confío' y visualiza el corazón bombeando esa motivación a cada célula, impulsada por el esfuerzo y reconocimiento del ejercicio. Fuerza, poder y orgullo bombean la confianza, a través de la sangre".

Tanto que aprender…

En la visualización de agradecer el pasado y los maestros no puedo evitar echarme a llorar. Recuerdo que Curro me avisó de que, en los primeros 21 días con este mantra, había abierto la herida y que ahora tenía que sangrar, así que supongo que es una manera de hacerlo... Mando amor y compasión a las situaciones y personas que están haciendo que me sienta así, pero no logro calmarme. Todos tenemos experiencias duras que nos han marcado, que nos han herido profundamente.

No logro encontrar mi centro, así que le escribo:

"Cuando me diste las indicaciones de estos 21 días me dijiste que la diferencia no era el texto del mantra sino la intención radical que iba a poner en ello, que era algo muy interno. ¿Y si salen cosas que no sabes cómo gestionar? ¿Cosas que no sabes cómo agradecer?".

Al día siguiente resolveré muchas de mis dudas.

DÍA 5

Es un día de intercambiar audios, de hablar por teléfono, de coger carrerilla y saltar intentando llegar al otro lado del abismo, de confianza ciega en alguien que te está diciendo que no tengas miedo, que en realidad tienes alas… Es un día en el que a ratos hablo con el maestro y a ratos con el amigo.

"Cuando te digo que tú ya no eres esa Eva, es porque no eres esa Eva, pero tampoco eres la Eva de hace un minuto. Somos un cambio constante. El pasado está ahí para aprender y, cómo queremos recordarlo, cómo queremos vivirlo, es nuestra elección. Nosotros creamos nuestra realidad con los pensamientos que generamos según lo vivido. Lo que ha pasado, ha pasado. El sufrimiento que generamos o que permitimos que suceda, es elección nuestra porque, algo que ya ha pasado, no te puede hacer daño en este presente: es pasado simplemente. La realidad es lo que eres ahora mismo y, si no hubiera sucedido todo lo que ha sucedido en el pasado, hoy en día tú y yo no estaríamos hablando y no estarías haciendo un proceso de crecimiento personal. Seguro que ahora mismo tu vida es más auténtica (tiene que ver más con lo que es Eva) que lo que lo era antes. Desde OM Training trabajamos la fuerza para estar en el presente, para estar en el cuerpo, y la claridad mental para generar las realidades positivas para nuestra vida. La mente tiende a irse a generar interpretaciones y realidades negativas sobre la base de nuestros miedos y aflicciones, pero lo cierto es que nosotros generamos nuestra propia realidad continuamente. Cuando venga un recuerdo del pasado, puedes anclarte a él y puedes justificar un sentimiento de pena, de miedo o de autocomplacencia basado en la justificación de que algo sucedió en su momento que motiva ese estado, pero también puedes simplemente (sea lo que sea) agradecerlo, ponerle amor, entendimiento y, si hay terceras personas implicadas, aplicar compasión y empatía".

La frase de "Algo que ya ha pasado, no te puede hacer daño en este presente" se me queda grabada en la mente y en el corazón. Entiendo toda la verdad y sencillez que encierra. Tras la conversación siento como si hubiera soltado una gran carga.

En el entrenamiento intento ser consciente del corazón bombeando la motivación a cada célula y centrarme en eso me encanta. Sudo un montón. Pongo máxima intención en quemar todo lo que me perturba durante el harapush.

Al llegar a la meditación, otra vez me distraen los cuádriceps y tengo que estirar las piernas, lo que me saca de la vibración. Al final me vuelvo a concentrar en el Hara y logro mantener la flexión el tiempo que queda. Curro me dice que la próxima vez estire las piernas al principio y que luego baje solo un centímetro con los pies separados un palmo, lo justo para conectar talones y seguir vibrando muy, muy sutilmente. Siento que de inmediato se alivia la presión que me estoy imponiendo por no poder controlar la capacidad de resistencia de mis músculos o de mi mente.

En la visualización observo que sí repito la frase desde la gratitud profunda por poder ir abrazando cada parte de mí y reconfortándola, por estar construyendo una "yo" fuerte y sana.

Siento que comienza una nueva etapa.

Antes de dormir decido repetir las visualizaciones, necesito volver a poner ahí toda mi consciencia. Tengo una larga conversación con esa niña que habita en mí y nos decimos que nos queremos. Me siento liberada y agradecida de estar en este camino de evolución y de descubrimiento de mi verdadero yo. Lleno con todo mi amor este proceso y, en particular, las situaciones que me han hecho perder el equilibrio estos días. Siento el corazón expandido.

DÍA 6

Hace poco me reencontré con una chica con la que ya he coincidido en varios eventos. Se acercó y me dijo:

—Perdona, ¿te puedo hacer una pregunta? Tú eres Tauro, ¿no?

La astrología, zodíacos, etc., son otras de las cosas que siempre he tenido prohibidas por religión.

—No, soy Aries.

—¡No jodas! ¿Aries? Te veo siempre tan anclada… ¿Cuándo sacas el genio?

Me encogí de hombros. Solo sé que toda la vida me han dicho que sí que era la típica Aries, pero no sé demasiado sobre el tema. Tengo mucho carácter y a veces es como si se encendiera una mecha en mi interior y toda la mala leche me subiera de golpe. Noto que me cambia hasta la mirada. Un amigo solía decirme: "Ya estás roja de furia". Pero también es verdad que cada vez me pasa menos.

—No sé, será cosa del yoga y de la meditación.

—Será eso —respondió, aún extrañada.

Pues bien, hoy, sexto día de entrenamiento, no soy capaz de domar "la cabra" que habita en mí.

Después de un día como el de ayer, con esa pequeña (o gran) catarsis, con ese fugaz atisbo del funcionamiento del universo, lo normal (al menos para mi mente ingenua) es que hoy me hubiera mantenido imperturbable, algo así como un buda paseando por Gran Vía, ¿no? Pues no.

Por alguna razón tecnológica me quedo sin datos en el móvil toda la tarde. Es el único internet que tengo y me empiezo a sumir en un estado tremendo de enfado y rabia. Además, tengo miedo a que una cosa así suceda pasado mañana y no pueda empezar el nuevo entrenamiento de treinta minutos.

En solo dos días vuelvo a tener cita online y siento mucha curiosidad por ver cuáles serán los ejercicios, si seré capaz de realizarlos correctamente, cómo serán las meditaciones… Soy consciente de que, si esta situación de desconexión se repitiera (algo muy improbable), se solucionaría en unas horas pero no logro estar en el presente. Dicen que la ansiedad es exceso de futuro y es justo lo que me está pasando: me estoy preocupando ("pre-ocupando", ocupando antes de tiempo) por algo que solo está en mi imaginación. Lo sé, pero no lo controlo.

Como dudo si es cosa de mi móvil, de la compañía o de las antenas, reinicio mil veces, llamo por teléfono a amigos para comprobar si a ellos les funciona, cada vez me pongo más nerviosa… Nada Zen, vamos. Que si ayer tuve que lidiar con la tristeza, hoy con la ira: aquí no hay descanso para la gestión de las emociones.

Al final, después de dos horas desesperada, me pongo a entrenar y lo único que se me ocurre es usar esa rabia para darlo todo. Me encuentro físicamente bien. Estoy tan enfadada que ni los cuádriceps se atreven a quejarse (así que no necesito estirar las piernas). Me digo que estoy bastante centrada, dadas las circunstancias, pero cuando empiezo con la visualización, me veo recitando números en vez de repetir el mantra. Me quedo estupefacta. Respiro profundamente un par de veces e intento anclarme a los latidos del corazón que retumban furiosos por la apnea (o por todo un poco) y acabo meditando de una manera más o menos aceptable.

Cuando comparto mi experiencia, me siento avergonzada e inmadura por desquiciarme así por algo que definitivamente no tiene tanta importancia. Curro (como siempre) se centra en lo positivo y me agradece el esfuerzo, el compromiso y la espontaneidad (parece que me dice: "Gracias por participar" y me río de lo desastre que me siento a veces). Me aconseja que, la próxima vez, haga la meditación antes y visualice el propósito del entrenamiento con el fin de parar la mente.

Me doy cuenta de que, efectivamente, he entrenado pero he dejado que algo externo me desequilibre completamente y me robe la paz y la energía. No me siento nada orgullosa, pero intento ser compasiva conmigo misma (algo que me cuesta bastante) y aprender la lección: no se puede bajar la guardia nunca, esto es un trabajo minuto a minuto.

DÍA 7

Por la mañana me dedico a intentar reconciliarme con la tecnología. Parece que vuelvo a estar conectada con el mundo sin interrupciones y me descargo el programa de videoconferencia en el móvil para no tener problemas con la cámara del portátil otra vez. Con el teléfono y un trípode creo que se solucionarán todas las incidencias de la última sesión. Mañana necesito poder estar centrada en el entrenamiento y que no me perturben cosas accesorias.

Es el último día del ciclo de quince minutos. Al acabar, me tumbo en el suelo a escribir mis impresiones.

Mi cuerpo ya se ha acostumbrado a los ejercicios y no me resulta difícil hacerlos. Ese primer sprint de un minuto, que parecía imposible, queda muy lejano.

Al clavar la mano de mortero en el abdomen, no se resiente tanto. No sé si es que la zona se está endureciendo o la mente se ha acostumbrado a esa presión que parecía tan extraña en un principio.

El armadillo, aunque intenso, parece lo más normal del mundo, como si estar en cuclillas en una posición tan forzada, no fuera para tanto.

La postura del cuenco hacia el cielo me sigue resultando un poco incómoda. Supongo que, según la anatomía de cada uno, hay cosas que cuestan más o menos. A mí me resulta difícil mantener esa posición de antebrazos y manos. Además, tengo mucha curvatura en la zona lumbar y se me resiente un poco la espalda, pero nada que no se pueda soportar, sobre todo porque, a cambio, noto la vibración subiendo hacia el cráneo y es una sensación muy chula.

En la meditación con el cuenco en el Hara siento mucha paz. Últimamente en vez de sostenerlo sin prestar atención a la posición de las manos, pongo los dedos unidos en un mudra y eso me ayuda aún más a parar la mente.

En las visualizaciones posteriores noto el corazón muy abierto y vibrando como si mil abejas danzaran dentro de mí. Esa vibración es lo que más me fascina de OM Training. Es como un canto de sirena que me arrastra a un estado de vacío del que no quiero salir. Así que no me resisto: me dejo llevar…

Estoy deseando que llegue mañana, para entrenar con Curro, para ver qué me deparan los treinta minutos y por otros motivos… Pero eso será mañana.

DÍA 8

Me he cogido el día libre en el trabajo.

Llevo varios meses pensando en hacerme un nuevo tatuaje, pero esta última semana mi mente, como siempre que está segura de algo, se ha puesto a gritarme que lo haga ya. Cuando los susurros dejan de serlo y los decibelios suben, siempre hago caso.

Algo muy típico en mí es hacer las cosas sin decírselas antes a nadie. Creo que es una forma de proteger mi decisión hasta que es irremediable y no se puede frenar.

Cuando me tatué por primera vez, mis padres vinieron por sorpresa a Madrid. Nuevamente, como casi todo lo que voy haciendo estos últimos años, está prohibido en su religión. Yo no sabía qué hacer, si decirlo o esperarme a que lo descubrieran en verano, ya que era mayo y aún podía llevar manga larga sin problema.

Es también una constante en mí intentar retrasar las malas noticias, no por cobardía, sino por no hacer sufrir antes de tiempo, como si así les diera a los "damnificados" una prórroga de tranquilidad. Es algo peligroso y que no controlo bien y, a veces, tiene como consecuencia que sea yo la que esté soportando un dolor que me va minando. Es lo que me pasó antes de dejar mi antigua vida, pero ahora la cosa no tenía tanta importancia y me preguntaba si merecía la pena amargarles el puente.

Mi madre me apretó el brazo cariñosamente y yo di un respingo y le pedí que tuviera cuidado. Se preocupó, como si tuviera una lesión que no le hubiera contado, y desvelé lo que ocurría subiéndome el jersey. Se llevó un disgusto. Mi padre me dijo: "Ya sabes que no me gustan nada los tatuajes". Yo respondí con todo mi cariño que a mí sí y que era yo quien iba a llevarlo.

No me pidieron que quitara el film para verlo mejor ni nada por el estilo. Les enseñé una foto y mi madre dijo que al menos no era muy basto, pero que ya no me hiciera ninguno más. Ambos hacían verdaderos esfuerzos por respetarme, siempre lo hacen, aunque no les gusten las decisiones que voy tomando.

Así que en la cara interna del antebrazo izquierdo tengo un árbol sobre el que cae una lluvia de estrellas desde el codo. Simbolizan las dos novelas que he escrito hasta ahora. Y hoy, otra vez, estoy a punto de hacer algo que me va a hacer feliz a mí e infeliz a unos cuantos. En fin...

Llevo dos días mandando diseños al mismo tatuador de la primera vez. Es un chico muy interesante y simpático y tiene una técnica increíble. Al llegar me hace las pruebas sobre la piel, retocamos el tamaño y se pone manos a la obra.

Empezamos a contarnos todo lo que ha pasado en estos dos años sin vernos. Él ha sido padre y me cuenta lo que le gustan las trastadas de su pequeña; yo le cuento que me saqué el título de instructora de yoga y todo el descubrimiento que ha supuesto para mí este verano desde el Hara Festival.

No siento nada de dolor: cero. Al revés, sonrío al ver la tinta pasando a formar parte de mi presente.

—Es tan guay que estés sacando este tatuaje a la superficie —le digo emocionada—. Es como si existiera ya debajo de mi piel y tú solo estuvieras haciendo que, por fin, se manifestara.

—Es lo que hablábamos de la mente —responde aludiendo a nuestras conversaciones sobre terapias y métodos de crecimiento personal—. Si ahora yo cogiera una aguja y dijera que voy a pincharte varias veces en el brazo, te pondrías nerviosa y no me dejarías. Y, sin embargo, estás feliz y tranquila mientras que, en realidad, eso es lo que te estoy haciendo pero multiplicado por mil.

—Es que me encanta este tatuaje…

Seguimos hablando sobre nuestras vidas. Saca de un cajón el libro "Yo soy eso. Conversaciones con Sri Nisargadatta Maharaj" y me lo recomienda. Yo me reafirmo en la idea de que estoy en las mejores manos posibles para inmortalizar con tinta esta nueva etapa.

Cuando acaba dice que le encanta y que le va a hacer fotos. Yo aplaudo entusiasmada al ver en mi antebrazo derecho un enso y la palabra "Confío".

En cuanto llego a casa publico en Facebook: "Porque las amistades se sellan con latidos y los contratos con tinta, ¿no Curro Ortiz? Porque desde el primer día confío en OM Training y, sobre todo, confío ciegamente en ti, que me has enseñado a reconocer mi fuerza interior y me has ayudado con paciencia y cariño a seguir recorriendo mi camino. Porque, gracias a ti, cada día confío también un poco más en mí (ya no se me olvida)".

Al poco llega la respuesta: "¡Guau! Vaya… Me dejas sin palabras. ¿Qué decir? Gracias a ti por la confianza puesta, por tu entrega, por tu fuerza constante y por ser parte de este proyecto que es OM Training y la práctica 22 días non stop. ¡Me emociona y me hace inmensamente feliz ver todo lo que consigues desde ahí! Pero no olvides que TÚ generas el cambio y en TI está la maestra. Yo solo te ayudo a abrir tus ojitos y activar tu intuición, desde la herramienta más potente: EL AMOR".

Enseguida empezamos a intercambiar mensajes y audios. Le explico que para mí el tatuaje significa tantas cosas... Todo lo vivido este verano: el Hara, la apertura, todas las cosas que he aprendido y toda esa revolución que ha sucedido en mí.

Yo no conocía el enso, hasta que se lo vi a Curro tatuado un poco más abajo de las cervicales. No sabía lo que representaba. Cuando lo busqué en Internet, vi que estaba vinculado al Budismo Zen y algunas páginas hablaban de ciclos, la búsqueda del centro, la fuerza, la elegancia, el minimalismo, la estética japonesa e, incluso, una taza vacía de té. Este último punto me hizo gracia porque soy fan de esa bebida desde pequeña: tomarme una taza calentita de té siempre reconforta mi alma más de lo que espero y supone uno de mis pequeños placeres de la vida.

También simboliza la iluminación, el universo, el vacío de la mente y la calma. Pero lo que me acabó de convencer es lo que le sigo explicando a Curro en un audio: también denota perfección. Exclamo "¡Así: sin terminar y sin cerrar! Eso me gusta un montón... Si es que las cosas son perfectas como son, ¡y eso me encanta!".

Luego empiezo a hablarle de lo que significa para mí eso de "Confío", aunque sé que él ya lo sabe. En el primer taller de OM Training, Curro repetía: "Confía" y es una palabra que se ha convertido en una brújula y en un salvavidas, en una palabra mágica a la que he acudido desde entonces siempre que he necesitado superar o trascender algo. Necesitaba tenerla tatuada en la piel.

Así que el tatuaje, con todo lo que significa, todo lo que conlleva, todos los recuerdos del verano, todo lo que queda por caminar, tiene un significado alucinante para mí. Lo miro y me empodera muchísimo.

Lo último que quiero que Curro sepa es que, como es obvio, también es un homenaje personal a él porque es un gran maestro y una persona increíble que me hace creer en el género humano en general.

Curro responde: "Bueno, pues, no cabe más emoción en mi pecho. Gracias por la parte en la que yo estoy y formo parte de esa proyección tan bonita. Me siento muy orgulloso de todo tu proceso, de todo tu trabajo, y muy feliz de ver cómo integras y cómo vas generando cambio en ti. Seguimos caminando, amiga. Recuerda: tú tienes todas las herramientas, todo el conocimiento y todo el poder, yo solo te acompaño. Gracias por todo tu reconocimiento y tus palabras tan bonitas que me han emocionado".

A mí no me cabe más ternura en el corazón.

Con todas las emociones del día a flor de piel, por la tarde toca entrenar online. Cuando conectamos no puedo evitar sonreír de oreja a oreja y mostrarle el brazo. Hoy estoy pletórica.

El programa para esta semana es:

PRIMER BLOQUE: CARDIO (5 minutos).
- *Minuto 1: sprint.*
- *Minuto 2: boxeo (golpes al frente).*
- *Minuto 3: sprint.*
- *Minuto 4: boxeo.*
- *Minuto 5: sprint.*

SEGUNDO BLOQUE: INNER POWER (6 minutos).

- *Minuto 1: "exprimir" con el cuenco (en apnea, desde encima de la cabeza hacia el Hara).*
  - *Minuto 2: harapush.*
  - *Minuto 3: armadillo.*
*Repetir todo una segunda vez en el mismo orden.

TERCER BLOQUE: RESILIENCIA (6 minutos).
- *Minutos 1 y 2: antebrazos haciendo una cruz frente al pecho.*
- *Minutos 3 y 4: brazos estirados, puño contra puño, frente al pecho.*
- *Minutos 5 y 6: brazos estirados en "v" hacia el techo.*

CUARTO BLOQUE: MEDITACIÓN (10 minutos).
- *5 minutos haciendo apneas con el mantra OM.*
- *5 minutos simplemente dejándonos llevar por un mantra del despertar de la intuición.*

**El mantra con el que trabajaremos esta semana es: "Fuerza, amor, confianza".

"Es el doble de tiempo, ¡el doble!", me digo mientras voy asimilándolo, aunque ya sabía que iba a ser así desde el primer día… Me entra algo de miedo, pero no me dejo asustar demasiado por la mente porque rápido pienso que, si un poco de algo maravilloso es bueno, el doble será mejor.

Comenzamos a entrenar.

Acuso un poco que haya un sprint más. El sprint y yo todavía no somos muy amigos. Nos hemos ido conociendo un poco más, vemos que a lo mejor en el futuro hasta nos felicitamos la Navidad pero tampoco nos iríamos todavía de cañas. Es solo una relación cordial, pero supero el reto.

El boxeo, sin problema. El boxeo y yo somos colegas.

En el ejercicio de "exprimir" con el cuenco, se suda un montón y me imagino como un culturista marcando músculos: me hace gracia.

El armadillo y el harapush me siguen gustando.

Los ejercicios de resiliencia me encantan: me siento una samurái. A veces mi mente de escritora hace esas asociaciones y no lo puedo (ni quiero) evitar. Visualizarme así, con un kimono manteniendo la postura entre cerezos en flor, me ayuda a concentrarme y le da al ejercicio un toque poético que me hace más feliz. Qué le vamos a hacer...

Entrenar es el broche perfecto para un día maravilloso, muy emotivo y especial para mí. Al acabar estoy sumida en un estado de calma un poco extraño porque siento paz pero también una sensación de amor desbordándose y expandiéndose hacia todos los rincones de mi mundo.

Cuando pasan un par de horas le vuelvo a dar las gracias a Curro por todo el esfuerzo y tiempo que pone en este programa y porque las cosas se pueden hacer de muchas maneras y se nota que él lo hace con todo su corazón y con la mayor ilusión. Él responde que hay que hacerlo bonito y sencillo, para ayudar a todos los seres, y que está grabando el audio con su voz para hacerme llegar el entrenamiento con las directrices.

La gratitud por todo lo que estoy viviendo tampoco me cabe en el cuerpo y también viaja fuera de las fronteras de mi piel.

DÍA 9

Me despierto y sigo sintiéndome muy agradecida y feliz por todo lo vivido el día anterior. Me acuerdo de Curro preparando el audio de la semana a las tantas de la noche y me apetece hacerle llegar algo que le sorprenda a él, un detalle que le haga sonreír al comenzar el día, así que le envío una canción.

En los festivales he descubierto que existen versiones modernas de mantras, incluso con arreglos discotequeros, y la verdad es que son una pasada. Pienso en alguno de mis profesores de yoga haciéndose cruces al escucharlos, porque eran muy ortodoxos en esto de la práctica, pero una de las cosas que he aprendido este verano es que hay muchas maneras de llegar a los mismos objetivos y algunas son francamente divertidas. Entre que soy bastante organizada y responsable y he estado treinta años rodeada de muchas normas, a veces olvido que soy libre y que no tengo que imponerme más barreras de las necesarias.

Le mando un mensaje: "Descubrí esta versión del Maha Mantra. No sé qué pensaría Gandhi de ella pero a mí me da muy buen rollo, para que empieces el día bailando un poco. Estoy haciendo el ejercicio que me mandaste de parar y conectar. P. D.: ¡No me puedo creer el tatuaje tan bonito que tengo en el brazo! ¡Un beso!".

Aclaraciones al mensaje:

1) El Maha Mantra es el típico y archiconocido "Hare Krishna" pero se trata de la versión de un DJ, con una batería marcando el ritmo, con scratching y unos soniquetes entre árabes e hindús chulísimos

2) A lo que llamo "el ejercicio de parar y conectar" es a volver un instante a ese mismo estado en el que te encuentras entrenando, a través de unas sencillas herramientas que Curro me ha explicado. Lo puedes hacer en cualquier lugar y circunstancia. He empezado a probarlo ayer por la noche pero quiero seguir curioseando hoy a lo largo del día en diferentes escenarios y estados anímicos.

3) Lo de que no me puedo creer el tatuaje tan bonito que tengo el brazo es que... ¡No me puedo creer el tatuaje tan bonito que tengo en el brazo! ¡No puedo dejar de mirarlo!

—Me ha encantado la canción —responde Curro—. Es precioso el tatuaje y la motivación también. ¿Qué tal te sienta esa parada y conexión?

—Me sienta muy bien. Me gusta. Estoy escribiendo una lista con los momentos en los que lo hago y mis emociones. Quiero probarlo dando clase de yoga, en el trabajo... Por eso pensaba enviártelo luego todo. ¿O quieres que te lo mande ya?

—Genial que lo pruebes en distintas situaciones. Pruébalo de repente en mitad de la ciudad, en la calle, en todo el meollo. Verás... Esta tarde después de entrenar me cuentas.

—Claro, ¡eso quiero! Tengo curiosidad científica.

—Es volver "ahí" en un instante y estar conectada con ese "vacío" que todo lo cambia. Paras la mente para meter tu realidad.

—Lo leo y me siento entusiasmada. Luego te cuento porque hay de todo, pero no te hago spoiler. Me encanta estar con la consciencia en estas cosas.

—Dale. Mantente Zen, o sea, ni muy arriba ni muy abajo, en encefalograma plano: tú me entiendes. Un exceso de motivación para generar un impulso puede hacer que, cuando falte esa motivación, falte el impulso. Así que simplemente instálalo en tu ADN para que sea automático y medido.

—¿Y eso mola? Esa parte me cuesta porque en lo bueno quiero sumergirme a tope… Vale, lo intento. Ahora es que estoy ahí como muy motivada con la novedad, pero entiendo lo que quieres decir. Lo iré equilibrando.

—Sé que sabes mirar y ver en lo profundo, así que vívelo, disfrútalo, mídelo e instálalo.

Aquí voy a hacer un inciso porque Curro a veces cree que entiendo todo lo que dice y para nada. De hecho hace unos días le copié y pegué estas palabras en una conversación. Creo que está bien relacionar ambos momentos para que quede más claro lo que me quiso decir este noveno día y yo malinterpreté.

Hace solo diez días le dije:

—Me siento feliz. Sé que debo ser Zen y no tener picos pero… mi corazón está feliz.

—¿Quién dijo eso? Es grandioso demostrar la felicidad con las cosas sencillas —aquí le recordé sus palabras, como una secretaria eficiente y un poco repelente—. Sí, pero eso no significa que no bailes, que no saltes o que no cantes. Ese centro es precisamente eso: el espacio de felicidad que te da pie al juego, como un niño.

—A veces me da miedo estar feliz, por si luego caigo, ¿sabes?

—Pues estate infeliz, a ver qué da más miedo.

Río como se ríe en los chats, con emoticonos que vuelcan, porque la lógica del argumento es aplastante. Nunca lo había visto así.

—OK, correré el riesgo.

—Disfruta la felicidad tanto, tanto, que cuando llegue la "infelicidad" puedas agarrarte a ella fuerte.

Aún no he llegado a integrar bien todo esto. No tengo mucho razonamiento lógico, así que a veces me cuesta un poco visualizar el puzle completo. Confío en que llegue el día en que lo entienda e interiorice totalmente. "Confío", como dice mi brazo…

Bien, volviendo al noveno día, Curro me dice que hoy viene a Madrid a unas reuniones y que mañana se va a Valladolid a un retiro con un meditador francés. Le propongo vernos un rato pero le es imposible. Aunque me pongo un poco triste, enseguida me animo porque me anuncia que en breve volverá para hacer un taller de OM Training aquí y que, si me apetece, le puedo ayudar a organizarlo. ¡Cómo no voy a querer, si soy fan absoluta!

A lo largo del día, cumplo con el compromiso de llevar a cabo esos momentos de conexión. Estos son los resultados:

Ayer, después del entrenamiento online:

• Momento 1: con el corazón lleno de gratitud porque hoy ha sido un día súper bonito. Paro, conecto y noto el corazón latiendo en mis manos: se multiplica la gratitud.

• Momento 2: me estoy preparando un té. Estoy relajada, conecto y noto esa sensación de vacío, de evasión.

• Momento 3: a punto de ir a dormir pienso en el entrenamiento y que ahora ya son treinta minutos, más mis visualizaciones que son otros treinta o cuarenta, más ganas extras de meditar sin ninguna pauta que me dan casi a diario... y pienso: "Va a ser una hora u hora y media cada día con todo este trabajo". Conecto y oigo en mi cabeza: "¿Qué mejor que dedicarte tiempo a ti misma, una hora o dos de veinticuatro?". Sonrío y siento amor por la Eva que me cuida y es mi cómplice.

(A la 1'00 de la mañana cojo el móvil para escribir que me siento tan llena de amor, que no puedo dormir. A ver si va a ser una cardiopatía lo que siento en vez de los efectos de OM training...).

Hoy:

• Momento 1: pongo los pies en el suelo muerta de sueño. Conecto y no sucede nada... (más allá de que me gusta la sensación de estar centrada en un objetivo).

• Momento 2 (temo estar haciéndome una yonqui de esta prueba): acabo de salir de la ducha, estoy estresada porque los viernes son mi día de más trabajo, todo seguido y sin tiempo para comer. Conecto, está la vibración, sonrío como si hubiera visto a un amigo al girar la esquina. Pienso: "Solo existe el presente".

• Momento 3: enfado en el trabajo. Conecto, respiro, siento el corazón bombeando en mis manos y pienso: "¿De verdad vas a dejar tu paz en manos de otros?". Noto que mis músculos se aflojan...

• Momento 4: estoy dando clase de yoga. Conecto y solo siento el corazón: bum-bum, bum-bum....

Resumen: diría que me conecta con mi intuición, con mi ser más interno... Seguiré investigando...

En cuanto al nuevo entrenamiento, cada vez que llega un sprint se me hace un poco largo pero intento dejar de pensar y centrarme en escuchar el audio (como diciéndome: "No calcules el tiempo, escucha la música, escucha las instrucciones") y eso me ayuda.

He sudado un montón (que sé que esas cosas le interesan a Curro) en parte gracias a que él repite mil veces a lo largo del entrenamiento: "Máxima intensidad", frase que se ha convertido en chascarrillo "made in OM Training".

En la meditación de los OM, en la que hay que intentar respirar cuando suenan y a mí no me da la capacidad pulmonar para esa sincronización, he seguido mi ritmo (aunque continuaré intentándolo).

Me gusta mucho sentir el corazón latiendo tan fuerte en la apnea y anclarme a él. La verdad es que ninguno de mis profesores de yoga, ni como alumna ni en la academia, me había dirigido nunca hacia el corazón como punto de referencia. Ahora yo lo hago con mis alumnos después de, por ejemplo, los saludos al sol (y creo que les gusta tanto como a mí porque a menudo sonríen).

En mis visualizaciones de después del entrenamiento he tenido una sensación muy bonita que no puedo describir de otra manera (aunque suene cursi) que la de percibir el universo latiendo dentro de mí... Curro responde: "Qué bonito sentir. Ese universo que hay en ti es real".

Mañana más…

DÍA 10

Cuando me levanto y empiezo a andar, me doy cuenta de que tengo los gemelos doloridos. Sin embargo, en ningún momento me planteo no entrenar; simplemente tomo nota mental de que hoy necesitaré calentar un poco, por ejemplo, bailando. El hecho de no intentar escaquearme, sino pensar en qué hacer para cumplir con mis objetivos de una forma divertida y siendo amable con mi cuerpo, me resulta un cambio de perspectiva interesante, porque a veces no equilibro lo de ser estricta en mis responsabilidades con ser creativa y comprensiva con mis limitaciones. Así que todo este razonamiento hace que comience el día feliz.

Hace una semana que me pesé y medí y aunque, la parte estética es lo que menos me importa de este proceso, decido ir recopilando los datos semanalmente por si son de alguna utilidad.

He comprado pilas para la báscula que tengo en casa pero, como no sé si está igual de calibrada que la de la farmacia, cojo la misma ropa y zapatos que el otro día y me peso en mi baño con y sin ropa. Luego bajo a la farmacia y me vuelvo a pesar, esta vez solo con ropa, no es cuestión de que me detengan por escándalo público (o púbico, en este caso).

Resulta que, o he adelgazado 600 gramos de bajar en ascensor, o mi báscula no vale para nada. Al regresar a casa, me vuelvo a subir en el aparatejo de marras y cada vez da una cosa, o sea que los sábados deberé bajar a tomar los datos a una fuente fidedigna. La ropa pesa unos 900 gramos pero da igual porque deberé llevarla siempre puesta por los motivos ya expuestos.

Con todo esto quiero demostrar que soy bastante concienzuda en mi investigación científica. Así que, aunque me sorprenden mucho los resultados, sé que hice mil comprobaciones la semana pasada y que esta estoy midiendo y remidiendo con la cinta métrica varias veces, cerciorándome de que el motivo de mi sorpresa no es que esté al revés en el lado de pulgadas (o lo que sea la parte esa rara que nunca se utiliza).

He adelgazado un kilo y cuatrocientos gramos, pero lo que me extraña es la pérdida de volumen: cuatro centímetros de cadera, cinco de pecho, dos de contorno de muslo y cuatro de contorno de brazo. De cintura no he adelgazado nada.

Me pongo a pensar que aquí hay parámetros que me faltan y que, ya puestos, me interesan, como la zona de la tripa (por lo que cojo medidas justo a la altura del ombligo) y lo que denomino en mi libreta como "zona crítica": una línea imaginaria que pilla tanto los michelines de encima de la cadera como la parte baja de la barriguilla.

Desayuno tranquilamente y cuando pasan las dos horas de rigor, cumplo con mi programa diario. Al acabar, me tumbo en el suelo llena de paz y recopilo impresiones.

Como los gemelos seguían resentidos (son unos rencorosos de mierda) he llevado a la práctica la idea de soltar un poco el cuerpo al ritmo de la música y parece que ha funcionado. Esto vuelve a ser una novedad para mí, que no soy muy bailonga y sí bastante vergonzosa.

En lo de bailar, los festivales me han ayudado bastante a soltarme, sobre todo las sesiones de Ecstatic Dance, en las que te abandonas al ritmo y te mueves libremente, con profundo respeto a los demás y al entorno, sin hablar con nadie y descalzo. Es como una forma de meditar, bailando música de todo tipo. Sigue el formato de los cinco ritmos, que juntos forman una "ola". Me sigue costando abandonarme porque tengo un fuerte sentido del ridículo pero, como ves que todo el mundo está a lo suyo, me sirve para irlo trabajando.

Además, hoy hasta me he permitido algún contoneo sexy, seduciendo a un observador imaginario, prueba de que me voy queriendo y aceptando más. Todo el trabajo que estoy haciendo se ve reflejado en muchas áreas de mi personalidad.

Luego he entrenado bien sin poder evitar las sonrisas en lo de "máxima intensidad", lo que me parece genial porque: ¿quién no prefiere estar feliz mientras hace un esfuerzo que con el ceño fruncido?

En un momento dado se oye en el audio: "Tu mente contra tu cuerpo. Tú puedes. ¿Quién te dijo que no podías?". Esas frases me llenan de fuerza y hacen que me sienta muy empoderada. Noto un destello de orgullo en mis ojos.

En las pausas entre bloques, la indicación es escuchar el músculo principal de nuestro cuerpo: el corazón. ¡Cuánta razón y qué bonito me resulta combinar el cuidado de cuerpo, mente y alma en este método!

Lo más "extraño" de hoy me ha sucedido en la meditación final de la intuición, después de los OM. No sé si es que se me activa la parte más poética o qué pasa, pero el caso es que me intentaba observar desde fuera, ahí sentada meditando, y lo que veía era una flor de loto color rosa intenso, brillando bajo el sol a pesar del agua turbia y llena de lodo de donde emergía.

La flor de loto tiene la capacidad de sobrevivir en entornos difíciles, como las zonas pantanosas. Se abre paso desde el fondo del estanque y emerge del agua en busca de luz, manteniéndose limpia y bella porque tiene la capacidad de repeler las impurezas y el barro. Por eso se asocia con los procesos vitales a los que debe enfrentarse el ser humano para llegar a la pureza de cuerpo y alma. Cuenta la leyenda que cuando el niño Buda dio sus primeros pasos, en todos los lugares que pisó, florecieron flores de loto. En muchas partes del mundo, se considera una flor sagrada y a mí particularmente me encanta, así que me quedo muy impresionada al visualizar esa imagen.

Esas son mis sensaciones hoy: una extraña mezcla de cosas terrenales y espirituales, quizá un reflejo de mí misma.

Por la noche Curro me explica en un audio que acaba de salir del taller en el que ha estado todo el día con René Mey, que es un humanista, vidente y meditador francés.

Le oigo contar, feliz, que ha integrado un montón de cosas y que le ha estado preguntando sobre la aplicación de la motivación a la meditación, sobre la autosanación... Y que René se le ha quedado mirando y le ha dicho que todo lo que decía era muy interesante y que veía que iba a escribir un libro que saldría en mayo. Acto seguido le ha invitado a subir al escenario y Curro se ha puesto a hablar de OM Training en mitad del congreso que estaba teniendo lugar.

René le ha dicho que le ha gustado mucho lo que ha

oído, que hacía falta gente así y que tenía un gran trabajo por hacer. Al acabar, un montón de gente estaba interesada en que Curro fuera a dar conferencias y talleres a diferentes ciudades de España.

"Estamos en el camino", dice al final emocionado, y a mí me no me cabe más orgullo en el pecho...

—Eres grande y es inevitable que sigas haciendo grandes cosas, ya las estás haciendo—le contesto—. Me alegro muchísimo. ¿Estás feliz?

—Muy feliz.

—Y yo muy feliz por ti.

—Es un gran compromiso que me ilusiona. Cuando pasan estas cosas me dan certeza e impulso, confianza... Así que: ¡Rock and Roll!

Pues eso: ¡Oh yeah!

DÍA 11

Me he despertado y me he puesto a llorar, tal cual. No ha sido algo paulatino, un sentimiento al que le das vueltas y que al final hace que se te caigan las lágrimas… No. He abierto los ojos y he sentido una tristeza que me desgarraba por dentro. Me he tapado la cara con las manos y he llorado mucho tiempo desconsoladamente.

No entiendo qué me pasa, si es que he soñado algo que ha traído una emoción del subconsciente a mi realidad o qué, porque no sé mucho de todas las teorías, terapias y conceptos que existen y que sí manejan las personas que voy conociendo últimamente. Algunas hablan de constelaciones familiares, de transgeneracional, de registros akáshicos, de la quinta dimensión… Yo, al menos de momento, no quiero abarcar tantas cosas, no es mi naturaleza. Aunque mi cabeza a veces me parece un caos, o quizá precisamente por ello, busco la sencillez y me bloqueo si intento asimilar más información de la que soy capaz. Como me conozco, me esfuerzo en evitarlo. Por ejemplo, en los festivales no acudo el día entero a talleres: hay ratos en los que necesito solo mirar al horizonte y que todo se asiente.

Intento darme mi tiempo diciendo que llegará un

momento en el que me calmaré, pero eso no ocurre. Quiero parar de llorar para poder entrenar, a ver si así logro encontrarme mejor, pero al final me digo que quizá deba invertir el orden: entrenar para poder parar de llorar. Así que me levanto de la cama, desenrollo la esterilla y empiezo con el primer sprint.

En OM Training se entrena frente a un espejo, así que puedo ver perfectamente mis ojos rojos e hinchados y las lagrimas resbalando por mis mejillas los treinta minutos. Cuando acabo, cojo el móvil y dudo si escribir la realidad o no. Al final me digo que le debo sinceridad a Curro y al método, aunque esté avergonzada, así que cuento lo que me pasa y cómo me siento. Explico que, aunque he repetido el mantra "Fuerza, amor, confianza" con toda mi alma, no estoy bien y sigo muy triste.

Al mediodía, Curro responde. Me doy cuenta de que han pasado tres horas, tres horas en las que he estado hecha un ovillo, intentando respirar conscientemente en algunos momentos y como un vegetal en otros.

Su mensaje dice: "Cariño, aceptación y compasión... Mira hacia adentro y acéptalo, abrázalo, dale espacio y dile a tu niña interior: 'Yo te cuido, no estás sola'. Si puedes, sal a un parque, pasea y registra naturaleza. Si ves la raíz, la entiendes (empatía), la abrazas sin juicio (compasión) y la acompañas (amor), generas un aprendizaje tan profundo, que se te darán las herramientas para que no vuelva a ti, o al menos vuelva con otro registro interior. Hay que aceptar que hay días mejores y peores. Quédate con la fuerza que has tenido y con que, aun estando así, has entrenado y nada te ha sacado de tu compromiso contigo misma. Te aseguro que eso es un espejo de alguien fuerte, decidida y de gran amor. Felicidades. Te QUIERO".

Me emociono profundamente por lo que dice y por la ternura con la que lo dice. Además, hay cosas que sabes de sobra, pero que a veces necesitas oír -o leer-, y ese "Te quiero" se me clava en el alma y me da el impulso que necesito para levantarme, coger unos frutos secos (no he comido ni bebido nada desde ayer), vestirme y salir.

El paseo me sienta bien, aunque sigo notando la mente muy espesa, como con niebla, y me encuentro muy vulnerable y débil, como si me hubiera fallado a mí y a OM Training.

Por la tarde volvemos a hablar, intercambiando audios.

—Hola guapa, ¿qué tal?, ¿cómo te sientes?

Le explico todo lo que ha pasado desde esta mañana y cómo estoy en estos momentos.

—He intentado hacer lo de decirle a mi niña interior: "Yo te cuido, no estás sola" porque hoy sí me siento un poco sola y un poco cansada. Al final es como que sí, eres una guerrera, pero hay días en que te apetece quitarte todas las corazas y que cuiden de ti. Me sentía muy pequeña de pensar que hoy no iba a aportar nada y, encima lo que iba a aportar, no era positivo. Y me decía: "¿Y tú estás haciendo OM Training...?". Al final los días en los que estoy así, es como una bola de nieve y ya me ataco por todos lados, me cuesta un poco salir de ahí. Pero bueno, luego al final siempre lo voy superando. Muchas gracias por preocuparte.

—Todos caemos en esos momentos de soledad y abandono donde nos gustaría que alguien nos abrazase y nos meciera: es muy normal. Te tienes que quedar con que es muy difícil, cuando tienes ese estado, sacar la fuerza. Si has tenido la fuerza y el coraje para entrenar, aunque haya sido menos intenso, aunque haya sido más corto, simplemente el hecho de que te hayas puesto, ya dice mucho. Para resurgir a lo bestia, es algo que no tengo ni que decirte, tienes que venirte abajo y tienes que ver que eres humana y tienes que ver que hay un lodo y tienes que ver que hay una densidad, para mañana cuando entrenes y te levantes como una jabata, puedas mirarlo con una perspectiva diferente y que haya un aprendizaje. Porque todo eso que tú te has dicho, todo eso que has vivido, ese miedo que has sentido, ese reproche de: "¿Cómo puedes tú estar entrenando OM Training y estar así?", todo eso, obsérvalo y sonríe. Sonríe, tía, ¿vale? Sonríe. Baila y sonríe —aquí se echa a reír y me contagia su risa—. ¡Sonríe, que eres muy grande! Te mando un besito muy fuerte. Mucha fuerza y ánimo. Y mañana, a tope. Y esta noche, a tope. ¿A que no te haces un OM Training esta noche? No tienes huevos... ¡Un beso!

Oír a tu gurú decir: "No tienes huevos" es de las cosas más graciosas que te pueden pasar. Creo que mi cerebro termina de resetearse. Empiezo mi audio entre risas.

—Me haces reír con tus cosas, lo cual está muy bien. ¿Que no entreno esta tarde otra vez? Entreno si quieres, ¿eh? Pero que he entrenado con toda la intensidad que podía en ese momento y lo he hecho entero. ¿Cómo que más corto? ¡Lo he hecho entero! Pero si tú crees que me viene bien repetir, entreno esta tarde perfectamente, chaval. Ahí queda eso. Que muchas gracias, porque eres muy gracioso.

—Pues, ¡entrena! Pégate un OM Training esta noche para romper ya con todo, ahora que estás ya en la vibración de la risa y has salido del drama. Ponte las mallas y pégate un entrenón de la hostia. Luego me cuentas. Un besito, campeona.

—Pues ahora voy a entrenar y luego te cuento, hombre. Sí, estoy mejor, estoy mejor, he salido del drama, como dices tú —contesto sin parar de reír.

Así que me dirijo a la esterilla con un ánimo muy diferente. Cuando acabo, vuelvo a enviarle un audio, para que compruebe que sí, que la energía me ha cambiado completamente.

—Ya he acabado la segunda vuelta. La he podido hacer bien, ¿eh? Me reía porque me sentía como una repetidora, como si me hubieras castigado después de clase... Sonreía y me sentía fuerte de ver que podía volver a entrenar perfectamente. He sudado un montón otra vez. ¡Ay, las montañas rusas que tengo! No sé...

—¿Ves, Evita, como todo es un cambio de actitud, solo salir del drama...? Es como dar un paso lateral: cambias la dirección en un instante. Es un click y está en tu cabeza...

Entonces me da las gracias (él a mí: el mundo al revés) y se pone a hablarme del taller de OM Training en Madrid. Empezamos a barajar fechas y a intercambiar opiniones sobre diferentes detalles. Eso hace que mi estado de ánimo se termine de reponer completamente. Qué compleja es la mente humana...

A lo tonto, llevamos dos horas intercambiando audios. Acabo escribiéndole: "Gracias por cuidarme todo el día. ¡Te quiero mucho! Y así 'tol' rato bro".

DÍA 12

Hace algo más de dos años acudí a recibir mi primera sesión de Reiki. Diferentes personas de mi entorno habían hecho cursos y me hablaban de ello. A mí me daba mucha curiosidad pero también mucho miedo.

En la religión en la que crecí, como está basada en la Biblia, se cree en el diablo, en demonios, espíritus, etc. Para protegerse de toda esa parte "oscura", no está permitido ver películas de esa temática ni llevar a cabo ningún tipo de práctica que pueda estar ni remotamente relacionada con algo de ese mundo. A veces se quedan en la criba cosas inofensivas o incluso beneficiosas, como la meditación.

A mí todo eso se me ha quedado muy grabado y es algo que me da mucho respeto. Soy muy cuidadosa con lo que voy probando y lo que no y, si no lo veo claro, no me arriesgo. Como suelo decir cuando sale este tema, prefiero quedarme en la luz. También es verdad que no lo vivo ya con tanto nerviosismo porque todas las personas a las que les he contado mis temores me han dicho que la mejor protección es vivir con una vibración elevada, una vibración de amor, que es algo que intento continuamente.

Cuando empezaron a hablarme del Reiki me

explicaron que no tenía nada que ver con todo esto, que simplemente era una técnica de transferencia de la energía vital del universo a través de las manos, que no estaba vinculado con ninguna religión y que no era ponerte en manos de un curandero, ya que el Reiki no cura, solo potencia los mecanismos de autosanación al reactivar el sistema inmunológico y desbloquear el flujo vital de la persona y equilibrar su sistema energético.

La energía es ciencia, me dije. Así que decidí probar.

Fui a ver a una chica que me aconsejaron, Rocío, y con unos niveles de estrés cercanos al infarto me tumbé en la camilla. Tenía miedo a sentir cosas muy raras y también a no sentir nada en absoluto. Bien, como supongo que es lo que necesitaba, sentí muchísimas cosas y ninguna de ellas me asustó lo más mínimo, todo lo contrario.

Al mes repetí y fue cuando Rocío me propuso que hiciera el curso para darlo yo. Me aseguró que todo el mundo podía aprender pero que veía que yo tenía mucha facilidad para canalizar la energía. Es más, me dijo que no quería enseñarme dentro de uno de los grupos que organizaba habitualmente, sino a mí sola, porque iba a explicarme la teoría pero sobre todo quería que practicara con ella. Le dije que me lo pensaría porque dar ese paso me imponía bastante.

Una cosa que me ayudó a decidirme fue algo que me pasó al visitar a un familiar en el hospital tras una operación. Vi que estaba sufriendo y quise ayudar como pude, así que decidí transferirle energía para aliviar su dolor y que se recuperara rápido. También le di técnicas de meditación basadas en la respiración, aunque hablé de mindfulness para no incomodar a nadie. Al llegar a casa me sentía como si un camión me hubiera pasado por encima.

Resulta que era normal que estuviera así porque había usado mi propia energía, mientras que el Reiki te enseña a usar la energía universal, que es ilimitada.

Otro detalle, que puede parecer nimio pero que me ayudó a convencerme, fue que siempre, cuando nos damos un golpe o nos duele algo, nos ponemos las manos para aliviarnos. Así que quizá era algo que utilizábamos sin ni siquiera saberlo.

Al final me dije que no perdía nada probando.

Desde el primer momento mi maestra de Reiki ha mostrado una confianza en mí que me sigue sorprendiendo y la enseñanza que siempre ha recalcado es que me guíe por mi intuición. Ha compartido conmigo sus métodos y experiencias personales y no es inflexible en los protocolos ni muy mística, todo lo contrario: habla de todo con una naturalidad y normalidad pasmosas. Realmente creo que es la maestra que tenía que tener y así me lo dijo ella un día: "Tú y yo habíamos quedado para encontrarnos y que pudieras aprender y ayudar a los demás".

Cuando conocí a Curro, ya había hecho los dos primeros niveles de Reiki. Daba a mis amigos siempre que lo necesitaban y poco más. El segundo día de conocernos, ese en que nos habíamos dado el primer abrazo en la clase de yoga, acabamos de comer y algunos aprovecharon para echarse un rato a descansar antes de afrontar las tareas de la tarde. Nosotros salimos al jardín y él empezó a hacer estiramientos resintiéndose de la espalda. Yo le miré y, sin pensar, le ofrecí Reiki. A él se le iluminó la cara y aceptó enseguida. Así que se tumbó en un sillón de la cafetería del hotel y le di Reiki por primera vez.

El recuerdo de esa tarde lo atesoraré siempre. Fue un momento tan bonito... Yo me olvidé de todo, solo quería que se sintiera mejor, así que puse toda mi alma en ello. Fue como un acto de entrega absoluta por mi parte al darlo y creo que por la suya al recibirlo. Al acabar, él tumbado boca arriba y yo sentada en una mesa auxiliar, abrió los brazos y yo me recosté en su pecho. Puso sus manos sobre mi cabeza y, ahí, creo que la que estuvo sanando mil cosas fui yo. Llegué tarde a mis obligaciones como "helper", pero es que tuve que hacer serios esfuerzos para dejar el micromundo que se había creado en ese sofá.

Durante esos días de festival le di Reiki varias veces y un día me dijo: "Tú tienes que hacer algo con esas manos, niña. Desprenden una energía brutal de amor, compasión y entrega". A veces no había abierto sesión, solo me acercaba y apoyaba la mano en su espalda. Recuerdo verle girarse y decir: "Es la temperatura, esa temperatura…". Cuando se lo conté a Rocío me dijo que yo no acaba de entender que daba Reiki solo estando presente.

Ese verano no hice nada al respecto.

Uno de los momentos más geniales del segundo festival, Luz del Sur, fue una noche de concierto. Curro volvía a tener molestias en la espalda. Estábamos hacia la mitad de la pista, sentados, porque la música había comenzado tranquila, así que le empecé a dar Reiki. Hubo un momento en que se tumbó. Lo más gracioso es que el concierto se fue animando, así que al final la gente estaba dándolo todo, bailando y saltando, Curro estaba tumbado tan a gusto y yo daba Reiki. Pensé: "Si puedo dar Reiki así, puedo darlo de cualquier forma". Al acabar, me abrazó y rodamos como una croqueta por la pista… Todo muy normal.

A esas cosas me refiero con la apertura de este verano. Antes daba Reiki sin que hubiera nadie más en la habitación que la persona a tratar, con una música determinada, sin mezclar herramientas… Ese día, Curro me miró de repente y preguntó: "¿Qué estás haciendo ahora?" y contesté: "Imaginando que se separan las vértebras de tu columna y que una luz dorada la recorre". Nadie me había dicho que hiciera eso pero me he ido sintiendo más libre y más confiada: escucho a mi intuición.

En aquellos mensajes que intercambiamos el primer día después de Luz de Sur, me dijo: "Usa tus manos y las visualizaciones proyectadas en el cuerpo a través de ellas, como hiciste conmigo. Tienes un corazón y una luz interior que se expresa a través de tus manos: úsalo para el bien de todos los seres (Bodhicitta). Entrégate a una causa donde puedas ofrecer tanto amor de forma altruista. Solo acompañar y sanar con tus manos, con tus textos y bonitas palabras. Las dos energías más transformadoras: la palabra y el amor. Tienes ese don. Las manos son tu forma más pura de expresar en silencio tu amor".

Después de aquello pensé que, si confiaba en mi gurú en todo, esto no podía ser una excepción, así que hice el nivel III de Reiki. Le conté a Rocío todo lo que había pasado y me dijo que yo era una terapeuta y que la única que no lo aceptaba era mi mente pero que todo mi ser lo sabía y actuaba ya como tal, dándole tiempo a mi cabeza para integrarlo.

A pesar de que casi todos los maestros opinan que no es posible la transferencia de síntomas de la persona tratada a quien está dando Reiki y de que Rocío siempre me ha repetido desde el primer día que es imposible que me ocurra algo malo dando Reiki y que no tema nada, le cuento que he pensado hacer algún voluntariado en hospitales pero que me impone un poco, porque he oído que si la sensibilidad es muy alta puedes tener algún síntoma por empatía. De hecho, me ha pasado. Así que es algo que me intranquiliza un poco. Tengo la suerte de que mis maestros tienen paciencia absoluta y no me intentan forzar, ni con la mejor de las intenciones, a cosas para las que no estoy preparada. Rocío se muestra comprensiva y me dice que, si tengo esas dudas, aún no estoy preparada. Que no me preocupe, que llegará el día en que lo estaré.

Volviendo a hoy, día 12 del programa de OM Training, Curro me envía un audio:

"Por cierto, insisto en algo que te dije hace tiempo y que me ha ratificado el conocer a René Mey: lo del voluntariado donde puedas a ayudar a gente incondicionalmente sin pedir nada a cambio, de manera altruista. A medida que das, sin esperar nada a cambio, se abre un campo importantísimo de amor y de compasión y se empiezan a generar cambios internos. De alguna forma tú ya lo haces, por ser como eres, pero piénsatelo, ¿vale? ¿Vas a poder ir a ver a René cuando vaya a Madrid?"

Le respondo que voy a intentar ir y le explico lo del voluntariado de Reiki en hospitales y mi conversación con Rocío y que, de momento, lo he dejado un poco aparcado porque aún no sé dónde enfocarlo. Él me tranquiliza diciéndome que me irá viniendo la inspiración y que irá llegando la información cuando tenga que llegar, que no me preocupe.

También me dice que se alegra de que vaya a poder ir a la conferencia y al taller de meditación de René y me habla de un voluntariado que tiene su fundación, donde el trabajo se hace con las manos. Me explica que le vine yo a la cabeza cuando vio lo que hacían. Me pide que vaya, sin juicio, y a ver qué experiencia saco de ahí.

Es obvio que haré todo lo posible por ir.

Por la tarde entreno de buen humor y sonriendo. Me sigue apeteciendo un montón entrenar cada día y eso me encanta, que no sea una obligación sino un momento que espero a lo largo de la jornada.

En la postura del armadillo el audio dice: "Siente esa energía desde el coxis hasta el lóbulo occipital, que te atraviesa 360 grados" y es la primera vez que esa frase tiene sentido para mí. Hoy he percibido esa energía recorriendo mi columna y, como consecuencia, la parte posterior del cuello ardiendo...

Después del esfuerzo, apnea, etc., la meditación del despertar de la intuición me da mucha paz.

En la visualización de agradecer el pasado, siento realmente gratitud y amor, y soy consciente de que sonrío mientras repito el mantra.

Tantas sensaciones bonitas...

DÍA 13

Curro me dice que está montando la web y que si le quiero mandar un testimonial para que lo incluya.

Estas cosas siempre me ponen un poco nerviosa, por si no soy capaz de expresar con palabras todos los sentimientos que hay detrás. Finalmente lo que le mando es:

"Desde que descubrí el entrenamiento OM training, quedé fascinada por este método que combina ejercicio físico, técnicas de respiración y meditación. Me sorprendieron su originalidad, profundidad y resultados. Los ejercicios te ayudan a trascender la mente y sus límites, generándose una vibración que coloniza cada rincón de tu ser y hace que se desvanezca todo. Es entonces cuando surge un empoderamiento que echa raíces en tu interior y al que puedes acudir siempre que lo necesites. La práctica '22 días non stop' me ha enganchado completamente, convirtiéndose en un oasis donde recargar energía y emociones positivas a diario. Para mí, sin duda, un punto de inflexión en mi práctica y en mi vida".

Obviamente, no puedo transmitir en unas pocas líneas todo el universo que se ha desplegado ante mis ojos, pero espero que sirvan para animar a otras personas a probar el método y a descubrir por sí mismas todo lo que encierra.

Por la noche me pongo a entrenar frente al espejo, como siempre. En el sprint reconduzco todo el rato la mirada a mis ojos porque tiendo a bajar la cabeza hacia el suelo y en el entrenamiento online Curro me lo corrigió. Es verdad que cambia la energía: cuando miro hacia abajo, me siento como una superviviente tratando de aguantar el reto; cuando dirijo la vista al frente me siento una guerrera superándolo. La sutileza de los pequeños gestos.

Además, otra indicación para cuando estás entrenando frente al espejo, es que siempre te fijes en algo que te guste físicamente de tu cuerpo y poco a poco ir extendiendo esa mirada orgullosa a otras zonas, ir ampliando ese reconocimiento. La mente a veces se centra precisamente en lo contrario: en un michelín que temblequea al correr o que asoma indiscreto con alguno de los movimientos. Sin embargo, cambiando el enfoque, me he percatado de que muchas partes de mi cuerpo me van gustando más: me veo las piernas más definidas, la cintura más marcada, la mirada más amable, la sonrisa más espontánea... Poco a poco es como si, al cambiar tu percepción en este aspecto tan sencillo, fueras reeducando tu mente para el resto de cosas de tu vida, incluso para las que son infinitamente más importantes que tu peso.

Así pues, en el entrenamiento de hoy me siento muy bien: fuerte y centrada.

Al apretar con la mano de mortero en el harapush me acuerdo de que, a lo largo del día, cuando apoyo el estómago en algún sitio (en una mesa del trabajo o en la encimera de la cocina), noto dolorida la zona del Hara, pero incluso ahí sonrío porque me transporta al momento del entrenamiento y me sirve para volver a conectar. Al escribírselo a Curro bromeo diciendo que de esto al cilicio hay un paso.

El mantra de esta semana ("Fuerza, amor, confianza") me encanta y me sigue fascinando visualizar al corazón repartiendo esa información a las células con cada latido. Bum-bum, bum-bum... Y yo respiro, feliz.

DÍA 14

Ayer fue el primer día que Curro no contestó a mis sensaciones después del entrenamiento. Le mando una foto en la que aparecen Gollum y Sméagol de "El señor de los anillos" con este diálogo entre los dos:

—Curro ya no nos habla.

—El amo es nuestro amigo…

Al cabo de un rato, contraataca con un "sticker" de Yoda y la frase: "Querer saber yo cómo estás".

Yo, que estoy dando clase de yoga y he mirado el móvil a hurtadillas mientras mis alumnos meditan, apenas puedo contener la risa.

Cuando vuelvo a casa, despliego la esterilla y me pongo con el último día del ciclo de treinta minutos. Al acabar, siento que tengo mucho que contar, así que opto por grabar una nota de voz:

"El entrenamiento ha estado genial, como siempre: me ha encantado hacerlo y todo ha ido bien. Te mando un audio porque hoy me voy a centrar más en cómo ha sido mi día y así quizá lo explique mejor. En el trabajo, no sé qué pasaba, que todo el mundo estaba muy revolucionado: las personas a las que atendía, los compañeros… Mucha gente enfadada, otros con una actitud extrema de queja, y hay veces que me veo arrastrada a esos estados porque, al final, eso también perturba un poco mi energía. Lo que he intentado es aplicar al día de hoy las cosas que hemos ido viendo. Y la verdad es que muy bien. Trataba de estar en mi centro, que no me sacara de ahí todo lo que estaba pasando, y mostrar empatía y compasión a la gente que venía, dándome cuenta de que no era algo contra mí o contra mis compañeros (porque muchos ni siquiera estaban hablando conmigo, pero les oía decir palabrotas y ser muy desagradables). También pensaba qué estaría pasando esa persona que estaba quejándose y se sentía un poco desesperada por esto o por lo otro. Y luego con los compañeros que han venido, que se ha acercado todo el mundo a contarme su vida, lo mismo. A veces no podía ponerme de pie y conectar (aunque a veces sí lo he hecho cuando no había nadie) pero, si no era posible, aguantaba un poquito la respiración como para que me latiera el corazón más fuerte y sentirlo más, e intentaba poner amor a las situaciones que estaban surgiendo y simplemente les escuchaba, que parecía que necesitaban desahogarse. El caso es que me ha gustado toda esa sensación porque me he sentido en mi centro y no me he dejado llevar ni a la queja ni a esa negatividad. Y, además, siento que les he ayudado. Luego varios me han mandado mensajes dándome las gracias y diciendo que les ha venido bien hablar conmigo, aunque yo realmente les he hablado poco, más que nada les he escuchado y les he acompañado en lo que estaban viviendo, que hoy era eso: un día un poco revuelto para todo el mundo. Me ha gustado esto de aplicar la parte emocional del entrenamiento al día a día. Así que bueno, no sé si lo habré hecho muy bien pero esa es mi experiencia".

Curro contesta:

"Bueno, Eva, enhorabuena. Felicidades. De eso va

esto: va de aprender nosotros como individuos. Va de generar un cambio en el cuerpo, de generar un cambio en la mente y de generar un cambio en nuestro entorno. En la medida en que nuestra consciencia y nuestra capacidad compasiva de amor y de empatía aumentan, tenemos la capacidad de no entrar en el 'rollo' y, no entrando en el 'rollo', estando en nuestro centro, podemos ayudar a los demás, que es lo que tú has hecho hoy: estar en tu centro, no intoxicarte por el 'rollo' e incluso poder ayudar a la gente que te ha necesitado. Así que, simplemente, siéntete muy orgullosa e intégralo como un aprendizaje increíble. Y un ejercicio chulo que podrías hacer es, cuando estés sentada en el sofá, cerrar los ojos e imaginarte cómo habría actuado la Eva de hace cuatro meses o cinco meses (y cómo se encontraría ahora) y toma consciencia de cómo has actuado hoy y siente ese orgullo por tu trabajo. Siente esa fuerza interior, reconócela (desde la humildad, pero reconócetela). ¡Bravo!".

Le doy las gracias por los ánimos y por darme herramientas tan bonitas. Hago el ejercicio mental de cómo hubiera sido esa Eva del pasado y como estaría después de un día así y tengo la certeza de que todo habría sido muy diferente.

Curro me anuncia que el entrenamiento de cuarenta y cinco minutos está preparado y que es brutal. Yo solo puedo responder: "Confío...", porque eso es lo que siento de verdad: una entrega absoluta y unas ganas inmensas de seguir caminando (aunque, a ratitos, incluso vuelo).

DÍA 15

Por la mañana Curro me anuncia que está de camino al gimnasio para hacer su práctica diaria y que va a hacer el entrenamiento de cuarenta y cinco minutos que ha diseñado para esta semana; que luego me cuenta… A mí me hace gracia este intercambio de papeles y le recuerdo: "Máxima intensidad".

Cuando acaba, demuestra ser mucho más conciso que yo, porque su resumen de las sensaciones es: "Absolutamente increíble". Me dan ganas de preguntarle si ha sudado pero tampoco quiero que, con el cachondeíto, me suba tres sprint.

Luego me hace spoiler del mantra de la semana: "Fuerza, amor interno, amor expansivo", pero se lo perdono porque en realidad me encanta ir poniendo la consciencia en el nuevo trabajo que me espera.

Paso todo el día ilusionada por entrenar online, muerta de curiosidad por ver dónde me llevará esta semana OM training y un poco nerviosa por si comprenderé todo a la primera, si podré aguantar físicamente la exigencia de los ejercicios y cómo serán las meditaciones. Me parece una sensación tan revitalizante estar inmersa en un proceso de crecimiento que a veces me hace sentir como una niña pequeña… Es una paradoja interesante.

Busco resiliencia en Google. Me doy cuenta de que, a estas alturas, he usado un montón de veces la palabra y no sé exactamente lo que es. Internet me contesta: "Es la resistencia frente a la adversidad junto con la capacidad para reconstruirse y salir fortalecido del conflicto y así seguir proyectando el futuro. Desde la Neurociencia se considera que las personas más resilientes tienen mayor equilibrio emocional frente a las situaciones de estrés, soportando mejor la presión". Otra definición dice: "Es la capacidad de hacer frente a las adversidades de la vida, transformar el dolor en fuerza motora para superarse y salir fortalecido de ellas. Una persona resiliente comprende que es el arquitecto de su propia alegría y su propio destino". Mira tú por dónde: todo lo que estoy haciendo sin ni siquiera ser consciente de ello… Por eso es importante la confianza en todo esto.

Por la tarde nos conectamos y descubro las novedades.

El programa de 45 minutos para esta semana es:

PRIMER BLOQUE: CARDIO.
- *1 minuto: sprint.*
- *1 minuto: boxeo (golpes al frente).*
- *1 minuto: sprint.*
- *1 minuto: boxeo.*

(1,5 min: pausa de respiración con el corazón, de escuchar el latido interno)
- *1 minuto: sprint con antebrazos en cruz.*
- *1 minuto: apretar cuenco frente al pecho*
- *1 minuto: sprint*

(1,5 min: pausa de respiración con el corazón, de escuchar el latido interno)

- *1 minuto: sprint*
- *1 minuto: harapush*
- *1 minuto: sprint*
- *1 minuto: harapush*

(1,5 min: pausa de respiración con el corazón, de escuchar el latido interno)

SEGUNDO BLOQUE: RESILIENCIA.

- *4 minutos: brazos en doble bíceps por encima de la cabeza*
- *4 minutos: brazos extendidos frente al pecho con los puños juntos*
- *4 minutos: brazos extendidos abiertos, juntando escápulas*

TERCER BLOQUE: MEDITACIÓN

- *5 minutos: de pie con las manos en el corazón*
- *5 minutos: sentados, haciendo apneas, quemando en el Hara pasado y futuro, el miedo y la ansiedad*
- *8 minutos: tumbados, inhalando en 5 segundos y exhalando en 10 (o, si podemos, en 10 y 20, respectivamente)*

**El mantra con el que trabajaremos esta semana es: "Fuerza, amor interno, amor expansivo".

Explica todo e intento hacer cálculos mentales sobre la marcha de cuánto tiempo voy a estar con las piernas flexionadas y si mis cuádriceps se caerán a cachitos o resistirán. Me asusto un poco.

Todo el conjunto de sprint me cuesta menos de lo que imaginaba: o me he ido acostumbrando o las pausas ayudan mucho.

Esos momentos de contraste entre el cardio y las paradas, con el corazón latiendo fuerte y rápido, me encantan: me siento viva al percibirlo desbocado, queriendo salirse del pecho. Me hace sonreír.

Echo de menos el armadillo. Es un ejercicio duro pero potente y me gusta la sensación que me provoca, con la energía recorriendo la columna vertebral e incendiando mi nuca.

El harapush tiene unas connotaciones orientales y un poco poéticas que a mi mente de escritora le siguen fascinando.

En los ejercicios de resiliencia se nota el aumento de tiempo, pero tengo más facilidad para ellos que para el primer bloque, quizá porque (en realidad) en ese momento estoy ya meditando. Si me salgo de mi centro por sentir un poco de dolor, vuelvo a mi visualización de samurái y saco fuerzas.

La meditación con las manos en el corazón me emociona. Aún hoy creo que sigue siendo mi favorita. Después de la resiliencia, me conecta con una parte muy profunda que no sé describir con palabras. Además, a pesar de ser una postura tan sencilla, o quizá precisamente por eso, es de los momentos en que más vibro: una vibración continua y tan pura que me conmueve.

Quemar en el Hara, me sigue encantando. Me siento como los hermanos Marx: "¡Más madera!".

En la meditación tumbada me sorprendo de haber ido ganando capacidad respiratoria. Tras unos cuantos ciclos, veo que soy capaz de inhalar en 10 segundos y exhalar en 20 sin demasiada dificultad, creo que propiciado por la postura, que me permite hacer una respiración muy amplia y completa.

Bien, pues ahora viene lo extraño. Después de todo

lo descrito, lo que cabría esperar es que, al terminar, estuviera relajada y feliz. Sin embargo, cuando Curro me pregunta por las sensaciones, estoy a punto de echarme a llorar. Le confieso que me siento rara y que no sé qué decir, que estoy bien pero que... y no sé muy bien ni cómo acabar la frase. Mi cabeza intenta racionalizar, como siempre, y me intento convencer de que se remueve la energía y que es normal que pasen estas cosas, pero me cuesta asimilar lo que escapa de mi control y comprensión.

Quedamos en que hablaremos mañana y en cuanto desconecto me pongo a llorar. A veces me resulta un poco fastidioso ser tan llorona, aunque se supone que es una suerte poder expresar los sentimientos y soltar y blablablá, pero a veces me hace sentir demasiado frágil.

Es en estas situaciones, sin embargo, cuando más vulnerable me siento, es cuando suelo recibir "una caricia" del universo. Hace ya unos años, creo que sería como en el 2016 por los recuerdos que van vinculados, escribí en una de mis libretas de notas diversas: "Vale, universo, te agradezco todo lo que tengo. Incluso en mis peores momentos, has mandado personas maravillosas que cuidan de mí. Estoy muy cansada: me rindo. No te pido nada, confío en ti, haz conmigo lo que quieras". Y a continuación añadí: "El universo me mima y a veces se me olvida". Lo estoy copiando tal cual del cuaderno que ahora, cuando deje de escribir estas líneas, repasaré.

Pues así me sentí por un mensaje inesperado que leí cuando estaba a punto de dormirme. Por la tarde había colgado en los estados de WhatsApp una foto de un párrafo que me había gustado de "El libro de los secretos", de Osho. Decía: "El ego es una avidez de nuevas experiencias. Y toda nueva experiencia se volverá vieja, porque todo lo que es nuevo, se volverá viejo; entonces, otra vez... La espiritualidad no es realmente una búsqueda de experiencias. La espiritualidad es una búsqueda del propio ser. No de ninguna experiencia –ni siquiera de la dicha, ni siquiera del éxtasis–, porque la experiencia es algo externo; al margen de lo interna que sea, es externa. La espiritualidad es la búsqueda del ser real que hay dentro de ti: debo saber cuál es mi realidad. Y al saber eso, toda la avidez de experiencias cesa".

Como es de esperar, cuando publico ese tipo de cosas, no me llegan muchos comentarios. Sin embargo, esa noche, un amigo que no es para nada de este mundillo (como digo yo), no tiene absolutamente nada que ver con el yoga, la meditación, los festivales, OM training, ni nada por el estilo, me escribió y este fue nuestro diálogo:

—Desde que te conozco me he enriquecido en espiritualidad. Gracias.

Yo me quedé de piedra.

—¿Sí? Pues no sé ni qué decir... Gracias por decírmelo porque este camino es bonito pero también es duro a veces, así que muchas gracias a ti.

—¡Que no! ¡Que te las estoy dando yo! —fue su respuesta con emoticonos de risas y corazones.

Hice un pantallazo al chat y se lo mandé a Curro diciendo: "Amor expansivo, ¿no?". Su respuesta fue sencillamente perfecta: "... y así 'tol' rato Bro...".

DÍA 16

—¿Cómo has amanecido? —me pregunta Curro.

—Mejor. Me duché, hice las visualizaciones, me puse un edredón que pesaba un montón en la cama para sentirme un poco recogidilla y hoy nuevo día... Por cierto, desde que acabé las visualizaciones me empezaron a arder los riñones pero exageradísimo: ardiendo, ardiendo. Cuando me dormí así seguían... ¿Se estarían quemando miedos a saco? Pensé eso y dije: "Hala, muy bien, a arder".

—Claro: el harapush.

Aprovecho para informarle de cómo voy con todo el trabajo extra de meditaciones que hago desde Luz del Sur. Una de las cosas que le explico es que, lo de ir al espejo a decirme cosas bonitas, es lo que más me cuesta: lo voy posponiendo todo el día. También le cuento que parece que estoy reconciliada con el pasado y que cuando repito el mantra de: "Agradezco el pasado y los maestros que me han hecho ser y estar donde estoy" realmente siento esa gratitud. Empieza entonces uno de esos chats, con frases cruzadas e indicaciones nuevas, que le provocan a mi mente confusión transitoria.

—Gran trabajo, Eva: mucho compromiso y consciencia. El espejo en esta fase es CRUCIAL, todas las mañanas, TODAS. Mirada a los ojos 60 segundos mínimo, cuentas con el mala 60 cuentas y repites el mantra: "Soy fuerza/me amo/estoy orgullosa" y generas una sonrisa. En el harapush continúa quemando el pasado: ahí metes todo. En las visualizaciones repite el mantra: "Fuerza/amor expansivo/orgullo". ¡Fuerza, guerrera!

Ahí empiezo yo con mis líos, que veo muchos "60" y muchas "cuentas"…

—Lo del mala no lo entiendo bien... ¿Te refieres a que 60 cuentas digo un mantra, 60 el otro y 60 el otro o es todo el mantra en 60 cuentas? ¿Y el mala de amor expansivo en el espejo también? ¿O es independiente? En el espejo 60 segundos no he estado jamás… ¿El de agradecer el pasado entonces de momento ya no más?

—60 segundos en el espejo y te ayudas del mala para no despistarte. Haces una marca donde se cumplan las 60 cuentas. Si tienes más tiempo, haces un mala completo. ¿Lo entiendes? El mantra de agradecer el pasado ya no, ahora el nuevo mantra: "Soy fuerza, amor expansivo, me siento orgullosa".

—Me levanto antes y hago uno completo ¿El nuevo mantra en el harapush o un mala completo con apnea?

—Mala completo.

El resumen es: un mala en el espejo nada más levantarme diciendo: "Soy fuerza, me amo, estoy orgullosa" y sonriéndome. En el harapush debo seguir quemando el pasado y faltaría otro mala haciendo apneas y repitiendo: "Soy fuerza, amor expansivo, me siento orgullosa".

Una vez que mi cabeza ha ordenado y esquematizado un poco todo, me quedo más tranquila.

—Vale, gracias, doctor —escribo entre risas, ¡vaya paciente le ha tocado!—. Ya lo último, perdona, que se me olvidaba... Cuando acabo todo lo de OM training con sus meditaciones, más el resto de visualizaciones (que las suelo hacer a continuación), noto un montón la energía en las manos y en la boca (en los labios, en concreto) y no lo había relacionado hasta ayer, que me acordé de lo que me dijiste de mis "dones": la palabra y las manos... ¡Qué curioso!

—Eso es. Ponlo en práctica.

—Sí, lo haré. De momento intento aplicarlo en el día a día. Necesito un poco de tiempo: ¡son muchas cosas en apenas unos meses! Pero tengo ganas y muchas ilusiones. Estoy contenta de ver todos los campos tan bonitos que se abren ante mí. Ya sé que lo importante es lo que piense yo pero.... ¿de verdad crees que estoy haciendo un buen trabajo? ¿Que estoy progresando? ¿De verdad ves cambios en mí desde el Hara Festival que hacen que te sientas orgulloso? ¿Tú confías en mí (hasta los días en los que ni yo lo hago)?

A veces la inseguridad me secuestra y necesito saber que todo está bien.

—Estás haciendo un trabajo increíble. Mírate y respóndete tu misma. Yo siempre confío en ti.

Con una sonrisa gigante sigo con la rutina de mi día, deseando llegar a casa y entrenar. Es curioso cómo vamos integrando novedades en la vida y las hacemos tan nuestras...

Curro me manda la canción de los noventa "Las chicas son guerreras" y me recuerda que el concepto de cuarenta y cinco minutos, después de quince y de treinta, puede generar una barrera psicológica pero que es solo eso: psicológico... Me recuerda que, si no aguanto más en una postura de resiliencia, puedo modificar la posición cuatro segundos y volver, que con esos cuatro segundos es suficiente.

Creo que es la primera vez que me dice una frase que se ha quedado ya grabada en mi mente para siempre; es como un conjuro que me hace sacar fuerzas cuando creo que no me quedan: "Como entrenas, vives". Añade: "Cómo nos enfrentamos al entrenamiento, es un resumen de cómo van apareciendo los diferentes sucesos en nuestra vida. En el momento en que miramos de frente y creamos la resiliencia para continuar en la dirección que sabemos que tenemos que ir, no haciendo caso a los mensajes y justificaciones que la mente nos da para entrar en el bucle de lo que suele ser un comportamiento repetitivo en nuestra vida, estamos haciendo el trabajo real: romper esa barrera, romper desde la resiliencia con ese mensaje interno que nos da la mente, que suelen ser siempre mensajes negativos...".

Entreno con fuerza y con ganas. La parte física me resulta un poco dura, pero puedo con ella. La meditación supone todo un viaje. Cuando estoy con las manos en el corazón, visualizo imágenes de toda mi vida, de muchas etapas en las que estaba en sitios en los que no quería estar, haciendo cosas que no deseaba hacer. Resulta un poco intenso ser consciente de todo ello, pero en la meditación del Hara vuelvo a notar muchísima energía en los riñones y me digo: "Esto va a funcionar, confío, estoy quemando todo ese pasado".

Vibro un montón, incluso meditando, y sigo sintiendo una sutil vibración muchas horas después. Esa vibración me mece, siento que acuna mi alma y me dice que todo va a ir bien.

DÍA 17

Es sábado, así que cojo la misma ropa que la última vez y me dirijo a la farmacia. Resulta que he engordado cuatrocientos gramos. Menos mal que Curro ya me había advertido que esto podía pasar y, además, estos viajes a la báscula los hago para saciar su curiosidad científica y no porque sean mi motivación. Sé que la cifra puede depender de lo que comí o bebí ayer, de los días del mes en que me encuentre, de estar ganando masa muscular, etc., así que cero dramas.

En casa cojo la cinta métrica y veo que he perdido otros dos centímetros de cadera y cuatro en una de las nuevas zonas de control que añadí la semana pasada: la del ombligo. En el resto, estoy igual que hace siete días. Tomo nota para darle los resultados globales al final de los 22 días y desayuno tranquilamente sin dejarme influir por los números.

Al cabo de un rato Curro me manda una foto que dice: "4 'nunca' para tu vida: nunca te pongas límites, nunca agaches la cabeza, nunca digas que no puedes, nunca dejes de creer en ti". Me viene bien porque hoy no me apetece entrenar. Llevo dos meses desbordada de trabajo y con mucho estrés y mi cabeza está en fase de: "No quiero hacer nada". Yo permito que tenga sus pataletas porque sé que al final se impone mi carácter alemán y cumplo con mis objetivos.

Voy casi a rastras a la esterilla y decido bailar un poco, porque no me veo capaz de empezar con un sprint en este estado de apatía. No me pongo una canción mítica ni mística de autoayuda, escucho una pop que dice: "No me voy, me sé tu juego: me quedo", y que veo muy apropiada para desafiar a mi mente mientras muevo un poco el culo.

Aguanto la parte física bastante bien pero practicando el "Strip OM Training" porque sudo un montón y me muero de calor, así que me voy quitando capas de ropa.

En las meditaciones noto los sentimientos más controlados, cosa que agradezco porque tanta emocionalidad a veces me agota. Después de estar con las manos en el corazón me encuentro un poco mareada, pero al sentarme se me va pasando. En la meditación final, aguanto el ritmo 10/20 casi todo el rato.

Cuando acabo, me quedo unos minutos en silencio, intentando detectar qué siento. En un primer momento pienso: "Vacío" pero luego me digo: "No, no es eso, mira bien". Creo que en realidad se trata de "un vacío lleno de amor", que puede ser contradictorio para el lenguaje, pero que es justo y precisamente mi sensación de hoy.

Así se lo hago llegar a Curro, que me responde: "A veces para llegar al amor hay que vaciarse. El amor es como el OM, la base de toda la creación. La creación es un acto de amor".

Me quedo dándole vueltas a sus palabras pero, sobre todo, disfrutando de la sensación tan bonita que me invade ahora mismo. También me siento orgullosa de llevar diecisiete días entrenando, independientemente de mi estado mental o físico. Además, mi energía ha cambiado y me encuentro mucho más feliz y "abierta" que esta mañana.

Por la noche estoy leyendo en la cama un libro que se llama "Corazón abierto, mente lúcida" de Thubten Chodron. Un pasaje dice: "Los amigos espirituales son un gran apoyo para nuestra práctica, porque podemos discutir lo que aprendemos y compartir nuestras experiencias con ellos. Esto resulta a la vez ameno y necesario, porque a veces nos sentimos descorazonados o confusos y nuestros amigos del dharma nos ayudan a reavivar nuestra energía. Somos afortunados de tener estos amigos". Le hago una foto al párrafo y se la mando a mi maestro con una palabra: "Afortunada".

DÍA 18

Ayer estuve haciendo yoga bastante tiempo y, cuando hoy empiezo con el primer sprint, noto que los cuádriceps y los gemelos protestan doloridos. Es curioso cómo va cambiando mi forma de enfrentarme a los retos, porque me digo a mí misma que es una buena oportunidad para trabajar el agradecimiento, aunque no sea en un sentido metafísico y sí totalmente terrenal: el que sentiré cuando acabe de correr a tope en la esterilla.

Cuando me pongo con la resiliencia, mis hombros se suman a la actitud quejumbrosa de las piernas pero, de nuevo, sonrío al pensar que llegaré a la gratitud máxima cuando me siente en el zafú.

Todo esto me hace darme cuenta de los cambios tan profundos que OM training está generando en mí. No es que ahora sea yo una reencarnación de Gandhi pero, desde por la mañana, el hecho de pensar cuándo voy a entrenar e ir reservando ese hueco para mi práctica, hace que esté mucho más consciente todo el día y no me deje arrastrar tanto por la vorágine de queja, negatividad, etc. Claro que me sigo enfadando a veces y otras no puedo evitar discutir o estar triste, pero muchas otras noto ese cambio de percepción. Por ejemplo, ayer me adelantó de malas maneras un coche a toda velocidad y, sí, mi primera reacción fue pensar: "Este tío es idiota", pero enseguida surgió una vocecilla que me decía que eso no era amor expansivo, que quizá tenía un motivo para ir así, que no sabía sus circunstancias, que por qué juzgaba y por qué dejaba que me afectara. Y ese pequeño viraje, ese cambio de rumbo en mi comportamiento más interno, me sorprende.

O me observo tratando con personas con las que a priori tampoco tengo un grado de afinidad demasiado alto, intentando mostrar empatía y que mi energía hacia ellas sea diferente. ¡Y muchas veces se nota que los resultados también son distintos!

Y todo esto no sucede solo en los momentos en los que ese acto reflejo inicial, repetido toda una vida, no es el más adecuado, sino también cuando estoy disfrutando y los sentimientos son bonitos. Por ejemplo, me resulta muy fácil sentir ese amor expansivo cuando estoy dando clases de yoga. En la relajación final, veo a los alumnos tumbados en la esterilla, encontrando un ratito de calma en sus vidas, que en muchos casos no son nada fáciles, y el corazón se me abre de par en par cuando se despiden de mí con una sonrisa. Y antes me perdía muchos de estos instantes cargados de emoción.

Así que me gusta esto de tener la mente puesta en OM training todo el día, tratando de integrar lo que aprendo. Y, aunque muchas veces no consigo que se plasmen esos esfuerzos, otras tantas sí y esa sensación me encanta: la sensación de estar centrada e intentando ser mi mejor versión.

Todo esto es lo que le transmito hoy a Curro, concluyendo con un: "Obviamente, este amor expansivo llega hasta ti como un huracán. Muchísimas gracias por todo, me siento muy feliz de estar en este camino".

Su respuesta es: "Gracias, Eva. Esa es la mayor motivación: generar un cambio en la vida y en el entorno de quienes practican, mediante ese reconocimiento interno y profundo del amor que somos en esencia, donde, una vez quitamos miedos, ansiedades y juicios, somos capaces de, desde la empatía, ver y entender todo lo bonito de ahí fuera, pudiendo aplicar la compasión más pura y el amor expansivo, que todo lo inunda. Poco a poco creamos un 'ejército' de seres conscientes, amorosos y altruistas (el que da sin pedir nada a cambio)".

Pues qué bonito, ¿no?

DÍA 19

Hoy me ha tocado aprender una lección sobre las expectativas, esos esquemas mentales que construimos imaginando cómo deben ser las cosas, y la manera en que nos influye el hecho de que no se cumplan. O, incluso, cómo nos sentimos al descubrir que hemos sido "esclavos" de algo que ni siquiera existía.

Curro me está recordando que durante el día, en cualquier situación, vuelva a la práctica de parar y conectar.

—Bajas la posición, doblas un centímetro las rodillas, peso a los talones, juntas las palmas de las manos para generar vibración, aprietas abdomen y ano, inhalas y haces apnea para subir la energía. Es un trabajo de segundos, que ni se nota desde fuera. Simplemente, recuperas la consciencia de presente y esa vibración sutil del entrenamiento.

—¿La vibración en el entrenamiento tiene que ser sutil? Yo siempre la he percibido así, pero creía que estaba haciendo algo mal porque no notaba esas sacudidas tan fuertes que veía a veces en los talleres. Me decía que mi energía sería así, más calmada...

—Se trata de una vibración sutil, sin aspavientos, reflejo de la contención y ecualización de la energía expresada dentro, con un catalizador que la regula y quita picos de intensidad e histrionismo, para generar una corriente continua y reconocible durante todo el día.

Me quedo de piedra. En los talleres de OM training a los que he asistido en los festivales, he intentado estar siempre con los ojos cerrados y no compararme con nadie, pero luego he visto vídeos en los que algunos asistentes tenían una vibración muy intensa, casi incluso sacudidas, y creía que ese era el objetivo al que tenía que llegar. Y aunque me decía que cada persona lo vive a su modo y todo está bien, en realidad en mi interior me sentía un poco pequeña y decepcionada al no alcanzar determinados parámetros.

—Resulta que estaba intentando llegar a una supuesta meta que ni siquiera existía. En fin... Estoy haciendo de vez en cuando lo de parar y conectar (me ayuda a encontrar mi centro si veo que me estoy yendo), pero hoy lo pondré en práctica más. De hecho, por si sirve, acabo de hacerlo porque, con esto de la vibración, se me han llenado los ojos de lágrimas de ver lo absurdo de mis pensamientos a veces. Cuando me pasan cosas así, me siento ridícula y como que he fallado... Estoy volviendo de desayunar y he conectado en mitad de la calle. Mientras me venía a la mente: "Amor interno", el viento me ha revuelto el pelo... Lo he tomado como una caricia cómplice del universo, que me decía con cariño: "No pasa nada, estás aprendiendo". Un beso.

Me quedo un poco tocada todo el día. Tengo que trabajar tantas cosas, incluido el nivel de exigencia que me marco y que me estoy imponiendo ahora mismo en otro de mis absurdos bucles... A veces no sé salir de ellos. Al final me digo que hoy, más que en el amor expansivo, el foco debe estar en el amor interno y en la compasión conmigo misma, e intento ser indulgente con algo que, al fin y al cabo, no tiene más importancia que la que yo lo dé.

Sigo conectando a lo largo del día y poco a poco me voy sintiendo mejor.

Por la tarde entreno bien, aguantando sin problema la parte física.

En la meditación del Hara, noto la vibración muy arriba. Normalmente me llega solo hasta el pecho y en la zona de la cabeza la suelo sentir solo en la boca, pero hoy noto todo el cuerpo vibrando.

En la meditación de la respiración 10/20 se me activa muchísimo Manipura, el chakra vinculado al empoderamiento. Si está desequilibrado puede llevar a la competitividad, intolerancia y a un exceso de control, así como a una baja autoestima, vergüenza, etc. Cuando me compré mi primer cuenco tibetano, iba con la idea de que estuviera afinado en la nota vinculada a Ajna (chakra de la intuición) o a Anahata (chakra del corazón). Se supone que el cuenco te elige a ti y ¡oh, sorpresa! es de Manipura. Es un chakra que he notado activo en muy pocas ocasiones y hoy lo está de forma muy intensa, incluso hace que me salga un poco de la meditación porque quiero pasar la mano y percibir la temperatura y el movimiento, como cuando doy Reiki.

Supongo que, con el entrenamiento, la energía se ha ido moviendo hacia donde necesitaba e iré aprendiendo a gestionar mejor mis pensamientos y emociones. Hoy repito, con toda la fe de la que soy capaz, mi mantra más importante: "Confío".

DÍA 20

Estoy sentada en el sillón descansando un poco antes de irme a dar clase y, de repente, mi mente para en seco y me dice: "Un momento, ¿notas eso?". Fijo la atención en mi cuerpo y siento con toda claridad la vibración sutil que me acompaña en los entrenamientos y meditaciones. La noto recorriendo toda mi columna, subiendo hasta el occipital.

Mi parte racional empieza a preguntarse cómo puede ser, si han pasado casi veinticuatro horas desde que entrené por última vez, si no estoy de pie, ni en apnea, ni conectando, ¡ni nada!

Cierro los ojos, aunque no me hace falta, y sí: soy como un móvil vibrando, recibiendo una llamada entrante del universo. Sonrío, ¡qué cosas!, y escribo a Curro, explicándole lo que me pasa y pidiéndole respuestas.

—¿La vibración siempre está y ser más consciente hace que la detectes? ¿O la generas puntualmente con los entrenamientos y la meditación, y no está siempre presente? Porque una cosa es lo de "hay que vibrar alto" (que lo relacionaba con las emociones positivas), o el hecho de que en realidad seamos átomos que danzan como locos, y otra esta vibración física, totalmente reconocible... Me había pasado sentir el corazón vibrar en reposo, aunque lo achacaba a cosas emocionales o a estar energéticamente conectado, abierto, etc. ¡Estoy muy sorprendida!

Le imagino leyéndome y riéndose al ver la curiosidad que me invade. Me siento como una niña pequeña que descubre por primera vez algo obvio para los adultos. Es bonita esta ilusión por cada sorpresa que me regala OM training.

Me voy a dar yoga y, cuando salgo, leo su respuesta.

—La vibración la estás generando en el entrenamiento. Se crea una latencia (maravillosa), que permite sentirla consciente e inconscientemente. Hasta que llegue un momento en que alguien te abrace y sienta que estás vibrando interiormente. Esa conexión que has experimentado es un estado de consciencia. La pregunta es: ¿qué estabas sintiendo en ese momento, cómo estaba tu corazón (amor)? ¿Cómo estaba tu mente en esa conexión? Cuando sientas eso, obsérvalo y elévalo. Enhorabuena, desde luego.

Me parece oír la música de wao, wao, waooooo (esa de cuando fallan en un concurso de la televisión), pero no en plan melodramático: es solo que me quedé tan fascinada por la sensación, que no me fijé ni en el corazón ni en la mente. Pero me digo que no pasa nada, que la próxima vez ya sé lo que tengo que hacer.

Y, sin embargo, incluso ahora, que ya estoy acostumbrada a reconocerla y sentirla de forma habitual y durante más tiempo, a menudo solo caigo en el dulce hipnotismo que me provoca. A veces entro en vacío y me quedo ahí, saboreando calma; otras, pienso: "¿Por qué la estaré sintiendo hoy en el sacro?" o "¿Me acostumbraré a dormirme cuando la noto con esta intensidad?".

Cuando me doy cuenta de que no me estoy fijando en las cosas que me preguntó Curro sino que me estoy quedando en la superficie, suelo ser indulgente e imagino a mi mente como un mago de feria moviendo mucho las manos y echando purpurina para que no me dé cuenta de lo que hay detrás. Sé que es difícil entrenar la consciencia, así que intento reconducirla con paciencia.

Me pongo a entrenar y pronto aparece esta compañera de camino y, parece, que de vida. Sonrío e intento bucear en lo más profundo de mí.

DÍA 21

¡Cómo pasan los días! Este programa acaba mañana, aunque sé que OM training es ya una práctica para toda la vida y se trata solo de una primerísima etapa del trabajo con mi maestro. Aún así me encuentro un poco melancólica, nerviosa y, muy típico en mí, asustada por saber qué vendrá ahora.

En los bloques de cardio y resiliencia me siento muy fuerte: se nota el hecho de llevar tantos días entrenando sin pausa y que el cuerpo es agradecido y se va acostumbrando al nivel de exigencia que le marcas.

En las meditaciones estoy un poco revuelta, porque hoy es uno de esos días en los que se han presentado situaciones simples y cotidianas que, sin embargo, suponen un examen práctico de todo lo aprendido. Nada grave: conversaciones en las que hay palabras que te hieren o pequeños gestos que no te esperas de determinadas manos. Es verdad que hay aspectos muy interiorizados ya, que posibilitan que gestione muchas circunstancias y emociones mejor que antes, pero hay otros momentos en que mi impaciencia me pide resultados más inmediatos y no soy capaz aún de dárselos.

Tras la meditación con la respiración 10/20, el audio

del entrenamiento indica que vayas a un espejo a hablarte, que te mires a los ojos, que esboces una sonrisa y que internamente digas: "Me amo; reconozco la fuerza que hay en mí; me siento orgullosa de ser quien soy, de estar donde estoy, de pertenecer a este cuerpo; soy amor expansivo".

Pues ahí, frente al espejo, tras repetir los mantras, mi mente me ha dicho: "Mentirosa". Así, sin tapujos...

Eso, tras llevar 21 días entrenando sin parar. Eso, después de estar casi dos meses con visualizaciones y conversaciones profundas, con la guía constante y amorosa de mi gurú.

Suspiro profundamente y una lágrima resbala por mi mejilla. Lo único que he podido responder es que algún día las palabras que repito serán verdad.

Cierro los ojos y me quedo mucho tiempo en la esterilla. Como siempre que se produce una reacción que me avergüenza, dudo unos instantes si compartirlo con Curro. Pero, cada vez que esta sensación me invade, recuerdo aquella conversación en Luz del Sur donde me dijo que sentía que íbamos a ser maestro y discípula.

Ese día en que hablamos tantas cosas, ambos con el corazón en la mano, hubo un momento en que dudé si compartir una emoción muy autodestructiva que había tenido.

—Es que es horrible, ¿de verdad quieres saberlo?

Curro me miró a los ojos con ternura y me contestó:

—Tú a mí ya me lo tienes que contar siempre todo, ¿entiendes? Tiene que ser así.

Fue un pacto sellado de alma a alma y me es totalmente imposible incumplirlo.

Así que reúno valor y se lo describo todo en un mensaje. Añado que no pasa nada, que llevo mucho tiempo conviviendo con ese yo cruel que sale a veces, pero que va viniendo menos y su cháchara es más corta.

Me agradece que se lo haya contado, y el empeño y el compromiso que demuestro, y me da pautas para trascenderlo.

—A trabajar en motivaciones: la paciencia (soy paciente), y esas cosas que te dices (soy bondadosa conmigo). Eres increíble y estoy muy orgulloso.

—Vale, lo haré. Muchos días en las meditaciones cuando dices que qué nos dice nuestra intuición, que nos escuchemos y cosas así, solo oigo: "Tú sigue, solo sigue, sigue caminando...". Así que en eso estoy. Gracias por todo.

Al cabo de unas horas, añade instrucciones.

—Recuerda la práctica que te estoy pidiendo que hagas de conexión consciente a lo largo del día. Parar, respirar y conectar con OM training. O sea, vaciar y cambiar la perspectiva sin miedos, juicios, pasado ni futuro.

—Me encanta ese momento de conexión. Aún se me olvida que puedo recurrir a ello siempre que lo necesito (gracias por decírmelo a menudo). Cuando lo hago me recuerda a esas películas de "ciencia ficción" en las que de repente la gente se ve en el Polo Norte o en un desierto, y todo es quietud.

Muchas herramientas, mucho compromiso, mucho camino por recorrer pero, sobre todo, mucha confianza y toneladas de ilusión.

DÍA 22

Me levanto y voy al espejo a hacer mi primer mala del día. Después de lo que pasó ayer me impone un poco, pero mi reflejo me devuelve la sonrisa que le brindo y mi mente parece estar en calma. Aun así permanezco un buen rato mirándome a los ojos para cerciorarme de que todo va bien. Acabo dándome cuenta de que me equivoqué al decir que un "yo cruel" habita en mí, eso es imposible porque sé que soy amor. Así que dejo que mi corazón hable en voz alta: "Te quiero, aunque a veces digas cosas crueles (que es diferente). Porque sé que es solo miedo, que a veces eres como un animalillo salvaje que, al verse acorralado, se asusta y ataca. No pasa nada, te entiendo y te quiero. No necesitas decir esas cosas. No tengas miedo: todo va a ir bien". Y me quedo en silencio envuelta en amor, sintiéndome orgullosa del cambio de percepción y de ir avanzando poco a poco.

Por la tarde llevo a cabo el último entrenamiento de estos 22 días. La parte física me deja una potente sensación de fuerza y concentración (fortaleza física y mental). Además, constato que el eslogan de OM training, "Entrenas, luego meditas", se cumple en todos y cada uno de los bloques, incluidos cardio y resiliencia: los 45 minutos son una meditación.

Echo la vista atrás y pienso en la Eva de aquel primer entrenamiento online, temerosa de no entender, de no ser capaz de resistir la exigencia física, de no llegar a integrar… Y ahora sé que, aunque necesito mi momento de interiorización, soy capaz de mucho más de lo que creía. Además, aunque siempre he sido responsable, mi nivel de compromiso me ha sorprendido, sintiéndome orgullosa de cumplir con el programa independientemente de mi estado de ánimo, dando igual que estuviera cansada, triste, enfadada, apática o feliz.

También he aprendido a confiar en el sentido amplio de la palabra, no solo en mis capacidades. Soy hija única y mis padres siempre han trabajado. Eran otros tiempos: con once años llegaba a casa, me calentaba la comida en una cocina de gas y comía sola. En el colegio mis notas eran todo sobresalientes, pero mis padres me decían que eso era lo que tenía que hacer, que no era nada que mereciera grandes halagos. Con todo esto quiero decir que la infancia te marca y me convertí en alguien independiente, perfeccionista y muy exigente. No estoy diciendo que sea algo malo pero, si no puedo con algo, si no lo entiendo o si dudo de mí, me frustro bastante, porque casi siempre todo ha dependido de mí. Así que ha supuesto un reto ese: "Confía", que tanto me ha repetido Curro estos días, rendirme a un método sin más. También he comprendido que pedir ayuda y simplemente soltar el control (aunque aún me cueste), es necesario y liberador.

He trascendido el pasado, al menos en gran parte, junto con el dolor que he sentido en muchos momentos, la culpa por no haber cumplido las expectativas de mi familia, la soledad que ha venido después, los gestos que me han herido… He comprendido que el pasado solo te daña si tú le dejas y que, al fin y al cabo, a él le debo quién soy ahora (esa mezcla de fuerza y sensibilidad) y el momento que transito. Así que le doy las gracias de corazón por traerme hasta aquí.

He entendido que debo dejar que todo lo interno se exprese y refleje, que debo observarlo, sin juzgarlo, permitiéndole su espacio, aceptándolo e, incluso, abrazándolo. Que para resurgir con fuerza, a veces es necesario venirse abajo y sentir que eres humano. Que la empatía, la compasión y el amor son imprescindibles en nuestra vida. Que no hay que olvidarse jamás de sonreír y que los dramas pasan.

He constatado que puede parecer que la ira te da empuje, pero es peligrosa porque te suele despistar de tu verdadero propósito, y se cobra paz y energía. Un precio demasiado alto.

Ahora sé que no debo tener miedo cuando me siento inmensamente feliz, viviéndolo a medias por si cesa, sino que debo disfrutarlo al máximo, porque ser infeliz da mucho más miedo.

Me he dado cuenta de que no hay una sola vía para cumplir con los compromisos, que se puede ser flexible, creativo y amable y, simplemente, bailar la vida.

He aceptado que todos tenemos dones, también yo, y espero poder seguir desarrollando esas dos energías: la palabra y el amor a través de las manos. OM training ha hecho que esté todo el día con la conciencia testigo muy activa y que sea más fácil escuchar a mi intuición. Cada vez más a menudo, cuando doy una sesión de Reiki, me llega lo que me quiere decir la persona antes de que ella le ponga palabras.

El espejo me ha enseñado a quererme más, a decírmelo cada mañana, a fijarme en las partes de mi cuerpo que sí me gustan, a no bajar la mirada al suelo (porque a la vida se la mira de frente).

Algunos días he logrado no entrar en lo que Curro llama el "rollo". Me he mantenido en mi centro, con consciencia y sin dejarme intoxicar, pudiendo así ayudar a las personas que lo necesitaban. Me sigo sorprendiendo cuando veo surgir pensamientos espontáneos de empatía y compasión, sin tanto juicio, reconociendo el amor que todos somos en esencia.

Me he hecho amiga de la resiliencia, esa ayuda para continuar en la dirección que nos hemos marcado, sin hacer caso a las excusas y justificaciones de la mente. "Como entrenas, vives".

He amado la vibración y el vacío al que me lleva porque, para llegar al amor, hay que vaciarse. Y me sigue fascinando su latencia, que me acompaña cada vez durante más tiempo, y me hacer sentir conectada y consciente.

He experimentado lo absurdo que es dejarse llevar por las expectativas y he aprendido a ecualizarme, aceptando que en ocasiones debo centrarme en el amor interno y en la compasión hacia mí, para luego intentar ofrecer de nuevo mi mejor versión.

He conocido un montón de herramientas que utilizar, como el instante de parar y conectar, el harapush, las meditaciones con mala, conectar con la naturaleza... Me siento afortunada de tener tantas ayudas para seguir caminando.

He aceptado que no hay nada malo en sentir orgullo por el esfuerzo y la capacidad de cambio. La fuerza, el poder y el orgullo son los que bombean la confianza a través de la sangre y son, por tanto, necesarios para crecer.

El agradecimiento, aparte de extender su poder al pasado, se ha manifestado con todo su esplendor en el presente, porque tengo tantos motivos para dar las gracias... Y el amor ha adquirido matices y dimensiones que me sobrecogen: amor interno y amor expansivo, creciendo en mi pecho y queriendo explorar el universo entero.

Sigue mi revolución interior, una revolución calmada y consciente, que es como la necesito. A veces me impaciento y quiero que todo vaya más rápido, pero sé que en realidad va como tiene que ir, a su ritmo perfecto.

Mañana tengo reunión online con Curro. Va a contarme qué viene ahora, porque nuestro trabajo juntos no ha hecho más que empezar.

Los 22 días giran en mi corazón formando un gran tornado de experiencias y crecimiento. Y yo soy como Dorothy, queriendo descubrir dónde me lleva el camino de baldosas amarillas...

EPÍLOGO A LOS 22 DÍAS

Miro hacia abajo y veo que te has quedado dormida sobre mi pecho. Tienes las mejillas encendidas y tu cabecita se mueve lentamente al ritmo de mi respiración, haciéndome cosquillas con tus rizos. Hasta dormida me haces sonreír...

Te observo y conecto con toda esa inocencia que desprendes, con la pureza y dulzura de tu alma.

Me fijo en tus manitas, tan pequeñas aún, y me encantaría que entendieras lo importantes que serán tus acciones. Reconozco en tu boca la mía y querría contarte lo que pueden lograr las palabras. Siento tu corazón latiendo y te diría que siempre te dejaras guiar por él.

Pero habrá tiempo para todas esas conversaciones...

Dejo de pensar y escucho la lluvia. Respiro profundamente y percibo el olor a tierra mojada llegando hasta mí. Doy las gracias por las sensaciones tan bonitas que la naturaleza nos regala si estamos atentos.

Sin darme cuenta, empiezo a tararear en voz baja una canción mientras te acaricio el pelo.

—¿Y ahora? —murmuras, aún con los ojos cerrados.

—¿Ahora? —contesto estrechándote suavemente

hacia mí, dispuesta a susurrarte una gran verdad al oído—. Ahora, pequeña, empieza lo mejor.

EL POSTGRADO

HOJA DE RUTA

Paso todo el día nerviosa, preguntándome en qué consistirá mi entrenamiento diario en esta nueva etapa y dónde me llevará. Lo bueno es que no estoy dudando de mi capacidad para enfrentarme a lo que venga. Primero, porque sé que si voy a pasar a otra fase es porque tengo las herramientas necesarias para hacerlo, es decir, CONFÍO, así, con mayúsculas. Segundo, porque me siento mucho más fuerte a todos los niveles. Pero ese pellizquillo de nervios no me lo quita nadie.

Cuando por fin nos conectamos online, Curro empieza a desvelarme cuáles serán los siguientes pasos.

Para empezar, con el objetivo de llegar a una integración total y a un profundo entendimiento interno de lo vivido hasta ahora, me pide que haga mañana el entrenamiento de 15 minutos, pasado el de 30 y al día siguiente el de 45. Servirá de recordatorio y de refuerzo de todo lo aprendido. Además, debo escribir un texto explicativo cada jornada, como si le contara a alguien que no conoce OM training mis sensaciones físicas y mentales, así como el estado emocional al que me lleva. Y todo con el lenguaje más sencillo posible. A mi "yo" escritora le gusta el reto.

Después de esos tres días, trabajaré la independencia y la autosuficiencia diseñando mis propios entrenamientos de 30 minutos. Seguiré unas pautas que me va a dar, pero utilizaré los ejercicios que más me gusten o con los que conecte mejor. Eso sí, deberé motivar mis elecciones.

Para esta parte me facilitará la música (sin su voz) para que cree mis combinaciones, pero de acuerdo a las siguientes instrucciones:

CARDIO (5 minutos):
- *Minuto 1: sprint.*
- *Minuto 2: (a elegir).*
- *Minuto 3: sprint.*
- *Minuto 4: (a elegir).*
- *Minuto 5: sprint.*

(30 segundos: respirar y conectar)

INNER POWER (6 minutos):
Hacer dos series seguidas de tres ejercicios de conexión (un minuto cada uno) o mantener un mismo ejercicio dos minutos. Ejemplo:
- *Minuto 1: apretar cuenco*
- *Minuto 2: harapush*
- *Minuto 3: armadillo*

Repetir la serie o hacerlos durante dos minutos.
(50 segundos: respirar y conectar)

RESILIENCIA (6 minutos):
- *2 minutos: posición de resiliencia de brazos*
- *2 minutos: ídem*
- *2 minutos: ídem*

MEDITACIÓN (10 minutos):

Elegir dos de las que hemos estado trabajando, ya sea Ritsuzen (de pie), Zazen (sentado) o acostado.

• _5 minutos con el mantra OM_

• _5 minutos con el mantra del despertar de la intuición_

Me recomienda que escuche el audio de 30 minutos que tengo con su voz y que tome notas, para que me sea más fácil.

Observo que, durante un breve instante, mi mente se siente tentada a agobiarse con el hecho de diseñar mis entrenamientos, pero no dejo que esa inseguridad avance. Equilibro la sensación de responsabilidad por querer hacerlo bien con la consciencia de que estoy aprendiendo y me tranquilizo bastante.

Me acuerdo de que esta mañana me he pesado y medido y comparto con Curro los resultados de esta semana: he adelgazado 500 gramos y he perdido un centímetro más de contorno de pecho y dos centímetros en la zona que, en su día, bauticé como "crítica". Así pues, los resultados totales del programa hasta ahora son:

• Peso: -1,5 kg.
• Cadera:-6 cm.
• Cintura: igual.
• Pecho: -6 cm.
• Contorno de muslo: -2 cm.
• Contorno de brazo: -4 cm.
• Zona del ombligo: -4 cm.
• Zona "crítica": -2 cm.

Como jamás me he medido, no sé si los resultados son buenos o no. Teniendo en cuenta que no soy una persona que adelgace con facilidad, creo que están muy bien. Curro me confirma que "es una pasada", así que me quedo satisfecha.

Cuando acaba la videoconferencia, me doy cuenta de que hoy es el primer día de pausa después de 22 días. Me siento un poco rara, como si me faltara algo, pero mañana reanudo mi camino pasito a pasito (o sprint a sprint).

15, 30 y 45

Me gusta volver a entrenar con los audios de las primeras semanas. Los entrenamientos de 15 y 30 minutos parecen ahora mucho más fáciles, lo que me confirma una vez más la evolución de todos estos días. Además, es bonito volver a escuchar las frases de motivación, los conceptos que Curro ha ido explicando, los mantras utilizados…

Ponerle palabras a todas las sensaciones que siento y tratar de hacerlo con la mayor sencillez es un reto, pero en realidad me cuesta menos de lo que hubiera pensado en un primer momento porque, simplemente, según acabo de entrenar dejo que hable el corazón.

Esto es lo que escribí esos tres días (con las correspondientes respuestas de mi maestro). Fue un ejercicio precioso, tanto por los entrenamientos en sí, como por el hecho de plasmar en palabras una práctica tan profunda para cuerpo, mente y alma.

PRÁCTICA DE 15 MINUTOS:
"¿En 15 minutos cómo vas a entrenar? ¿Cómo vas a adelgazar? ¿Cómo vas a meditar? ¿Cómo vas a cambiar tus pensamientos? ¿Cómo vas a transformar tu vida? ¿Cómo

vas a encontrar tu centro? ¿Cómo vas a ir construyendo tu felicidad? Pues 15 minutos dan para todo eso y para más. Físicamente, sudas, te cansas, tu cuerpo tiembla, pero tú sigues porque, de repente, sientes que tienes el control, que eres más fuerte de lo que creías (y resulta que no tiemblas: vibras, y ese matiz es taaaaaaaaan importante). Emocionalmente sientes que estás dejando ir cosas que no necesitas, que no tenías por qué seguir llevando contigo y que ¡pesaban tanto! Notas que estás sanando, que todo va a cambiar, que tú tienes las riendas y que sí puedes crear una nueva realidad aquí y ahora. Mentalmente, te vas calmando. Es como dicen: si el agua de un río está agitada, se vuelve turbia y no puedes ver el fondo... OM training detiene el parloteo incesante de tu cerebro, te resetea y, ahora, puedes aprovechar, mirar dentro y también escuchar... Y toda tu percepción cambia. Y todo el rato vibras, sigues vibrando, y esa vibración crea grietas en tus muros y piensas: 'Qué más da, si ya no los voy a necesitar' y confías en que se acabarán desplomando y solo quedará ante ti un horizonte sin límites".

"Guau Eva. Increíble. Gracias".

PRÁCTICA DE 30 MINUTOS:

"La mente, que no quiere perder el control, te dirá: 'Es el doble de tiempo, ¡el doble!'. La respuesta es sencilla: si un poco de algo maravilloso es bueno, el doble será mejor... Entonces te dejas llevar y dejas de pensar y constatas que puedes con ello, claro que puedes (porque ya lo has hecho, porque eres fuerza, porque confías). Físicamente aumenta el reto y, del mismo modo, aumenta la satisfacción por cumplir los parámetros del entrenamiento. Emocionalmente te sientes fuerte. Yo, como digo siempre, sobre todo en la resiliencia (mi parte favorita del bloque de ejercicio físico), me siento una samurái entrenando entre cerezos en flor. Esa imagen me ayuda: soy una guerrera que lleva a cabo su práctica, quizá para seguir evolucionando en tiempos de paz, que también hay que saber llevarlos... Aprendes a sentir los latidos de tu corazón; aprendes que el corazón es tu aliado y con cada latido culmina el trabajo que estás haciendo, llevando a cada átomo de tu cuerpo nueva información de quién eres ahora, de en quién te estás convirtiendo... Que se entere cada célula: las cosas han cambiado definitivamente, los viejos patrones ya no valen... Mentalmente, eres paz, eres calma, eres vacío, eres tú. Tan solo ERES, así de fácil y así de complejo... Así de increíble".

"Brutal y poético. Samurái y geisha. Gracias".

PRÁCTICA DE 45 MINUTOS:

"Por supuesto, no todos los días estás bien: a veces es cansancio físico; a veces, cansancio emocional. Y tu mente te recuerda '45 minutos, casi una hora, y no estás bien, no tienes ganas de nada, descansa...'. No importa, déjala que diga lo que quiera, pero desenrolla tu esterilla y ponte a entrenar. En OM training he aprendido que 'Como entrenas, vives' y eso me ha ayudado a no rendirme ningún día. Físicamente, acabas y te sientes imparable. Lo has hecho, has cumplido con lo que tenías que hacer. Estás cansada, incluso a veces un poco dolorida, pero el corazón bombea fuerte (y eso te hace sonreír porque ahora has comprendido que es tu músculo más importante). Emocionalmente, dejas que el entrenamiento te recuerde que eres fuerza, que eres amor, que eres orgullo. Sí, eres fuerte y eres valiente porque te has enfrentado a tu cuerpo, a tus emociones y a tu mente (y has comprendido que tú no eres ninguna de esas tres cosas). Y eso hace que se evaporen muchas fronteras. Mentalmente, no estás: desapareces. Hay un cartelito que dice: 'Vuelvo en un rato' y, todo lo que tenga que esperar, que espere. Lo mejor de todo es que has encontrado un pasadizo secreto que te lleva a esa 'nada' y puedes escaparte fácilmente siempre que lo necesitas. 'Como entrenas, vives'... Por eso OM training forma ya parte de mi vida".

"Eva, qué bonito lo vives y cuánto amor y certeza en cada palabra. Solo puedo decir GRACIAS".

Es curioso sentir el poder que puede tener un puñado de palabras. El día de los 30 minutos, cuando Curro dijo: "Brutal y poético. Samurái y geisha", afloraron emociones escondidas en algún rincón. OM training hace que seas mucho más consciente de cualquier pensamiento, aunque sea fugaz, y, si estás atento, puedes sacar información sobre ti mismo en muchas situaciones que en otro momento hubieran pasado desapercibidas. Ese día descubrí que, una vez más, debía tener cuidado con los extremos, porque hay formas muy sutiles de hacerte pequeña, perfectos disfraces que no parecen ocultar nada.

Cuando leí la frase de Curro, pensé: "Es verdad, soy una mujer" y volví a darme cuenta de que la fuerza debe estar absolutamente equilibrada con el amor interno. Es decir, está muy bien sentirse una guerrera pero no puede servir de excusa para dejarse la coraza de metal puesta todo el día y que no se vean tus curvas ni revelar tu vulnerabilidad. Me pareció una manera muy dulce de recordarme que debía amar y reconocer cada una de mis facetas y esa descripción se ha convertido en una visualización que me ayuda a seguir trabajando en ello siempre que lo necesito.

Concluidos estos tres días de repaso, empieza la

etapa de crear mis propios entrenamientos.

—Ganas de que me cuentes cómo lo montas...

—Yo también tengo ganas de diseñarlo. A ver qué tal queda y si tiene "sentido" al hacerlo (que fluya bien la energía y eso). Mañana el gran estreno.

—Lo harás genial.

Pues si mi gurú lo dice...

PRIMEROS ENTRENAMIENTOS

Miro el cuaderno donde he apuntado los ejercicios, y el orden en que los voy a hacer, y estoy deseando empezar y ver qué sucede. También tengo mucha curiosidad por saber qué dice Curro de cómo está planteado. En cuanto acabo, se lo mando.

Cardio:
   1. Sprint
   2. Ganchos
   3. Sprint sujetando cuenco enfrente
   4. Ganchos
   5. Sprint
   He optado por los ganchos porque, aunque en OM training se trabaja con los pies en paralelo y no "en guardia" como en boxeo, es un golpe que me transmite mucha sensación de fuerza y, además, se ejercitan los oblicuos y, por tanto, la cintura.

Inner power:
   1. Apretar cuenco frente al pecho
   2. Harapush
   3. Armadillo

4. *Cuenco arriba mirando al cielo*
5. *Harapush*
6. *Armadillo*

He empezado apretando el cuenco para generar un poco de vibración desde el principio en los brazos. El harapush me flipa, por eso repito. El armadillo es duro pero, mirando hacia el suelo, noto como sube la energía por la espalda y es brutal. El cuenco arriba es perfecto para subir la energía.

Resiliencia:

2 minutos: antebrazos en cruz.
2 minutos: brazos estirados al frente.
2 minutos: brazos abiertos, escápulas juntas.

La postura de doble bíceps no me gusta, me resulta poco "poética", poco apropiada para un samurái (aquí añado emoticonos riendo), *por eso la he descartado hoy. La de antebrazos en cruz me gusta, me resulta una postura de poder y de protección al mismo tiempo. La de brazos estirados al frente me resulta incómoda pero me gusta la sensación de energía en el pecho, así que me compensa. La postura de brazos arriba en "v" me gusta más que la de las escápulas, pero he escogido la segunda porque, en ella, siento una acumulación brutal de energía en las manos, como si tuviera sesión de Reiki abierta, y eso me encanta.*

Meditación:

5 minutos de pie, cuenco en el Hara.
5 minutos sentada, quemando el pasado y el futuro en el Hara.

Las meditaciones basadas en la respiración me son más conocidas por las clases de yoga, por eso no he optado por ellas. No sabía lo que era el Hara hasta este verano y me atrae más esa novedad. Me encanta la postura de pie por la vibración tan potente que se va generando, así como el concepto de quemar todo lo que no necesito en el Hara en la postura sentada.

Me da cosilla haber descartado algunos ejercicios, como si tuvieran sentimientos y les hubiera dejado sin ir al baile de fin de curso o algo parecido, así que aclaro que me ha costado elegir porque todos son muy guay (casi me falta añadir: "Y muy buenas personas").

Curro contesta: "Genial, Eva. Gran trabajo. Solo falta que me digas cómo te has sentido entrenando, qué has experimentado en el resultado y tus impresiones al haberlo hecho solo para ti. Tiene mucho sentido cómo lo has montado. Enhorabuena. Me encanta".

Le respondo que me he encontrado bien. Que, en el aspecto logístico, era un poco rollo estar pendiente del reloj para ir cambiando al minuto pero que, por lo demás, no lo he percibido ni mejor ni peor por haber elegido yo los ejercicios. Las dudas por ver si energéticamente tenía sentido se han resuelto porque me he sentido conectada, como en el resto de los entrenamientos. Lo que sí es verdad es que echaba un poco de menos sus ánimos y sus frases explicando las motivaciones.

A lo largo de las siguientes jornadas voy alternando los entrenamientos de estas semanas con nuevos que voy diseñando. Si es de los días en que programo yo lo que voy a hacer, intento cuidar los detalles y me dejo guiar por la intuición porque no le veo ningún sentido a juntar ejercicios al azar. Por ejemplo, un día en la parte de "Inner power", la serie y su motivación son:

1. Armadillo (1 minuto)

2. "Exprimir" con el cuenco (1 minuto)
3. Harapush (2 minutos)
4. Armadillo (1 minuto)
5. Cuenco al cielo (1 minuto)

Primero mover la energía, luego quemar en el Hara todo lo que no quiero -2 minutos se aguantan bien- y, al final, dejar que la energía ascienda limpia y luminosa.

Tras la última meditación, con todo mi cuerpo vibrando, me sentí acogida y feliz, como si me dijeran: "Bienvenida a casa", y me invadió una ola de emoción (un tsunami de emoción, más bien), que me llenó de amor y gratitud. Fue precioso.

Otros días, voy jugando con el hecho de subir un poco los tiempos en varios ejercicios a la vez e investigo con curiosidad científica qué va ocurriendo. Por ejemplo:

1. Armadillo (1 minuto)
2. "Exprimir" con el cuenco (2 minutos)
3. Harapush (2 minutos)
4. Armadillo (1 minuto)

Intento subir la energía al occipital desde el principio, exprimo mi cuerpo a nivel físico y emocional, quemo todo lo que aparece y compruebo la diferencia energética al volver a hacer el armadillo. La energía sube más rápido, más potente. Me encanta ese ejercicio de observar.

Un sábado por la mañana me encuentro un poco "removida" emocionalmente. Estoy dudando si escribir a Curro en ese momento o después de pasar por la esterilla, cuando me llega un mensaje suyo pidiéndome que le hable de mis entrenamientos. Le cuento cómo me siento hoy y que había pensado hacer el del audio de 45 minutos porque considero que tengo que "quemar" mucho aún. También le digo que esta semana me está costando más conectar con la vibración.

—Diseña tu entrenamiento, busca la herramienta, ve a lo más duro… O sea, diseña el entrenamiento más duro, el más incómodo, y disfrútalo.

—¿Masoquismo? —pregunto intentando quitarle hierro al asunto—. Dos días me he despertado mal, pero no era tristeza, era como enfado (o ira). Intentaba conectar en diferentes momentos, pero no lograba hacerlo de forma tan potente... Ayer ya empecé a sentirme mejor otra vez.

—La vida es una ola. Hay que aceptar esa subida y bajada sin juicio. Si no hay bajada, no hay subida. Enhorabuena —su optimismo siempre hace que me sienta mejor; "Enhorabuena", dice el tío, y yo sonrío moviendo la cabeza—. Dale y me cuentas luego.

—"Confía". Eso oigo en mi cabeza.

—Entrena. Haz posición única de resiliencia de 10 minutos, anclada, la posición que más te guste. 1) Aeróbico. 2) Resiliencia, una única posición mínimo 10 minutos. Recuerda que, si "no puedes más", modificas 4 segundos la posición y sigues —capto que las comillas indican barreras mentales—. 3) Meditación: tú decides, pero te invito a que la elijas justo en ese momento, no la prediseñes. ¿OK?

Cierro los ojos, respiro profundamente y hago caso a mi gurú, como siempre.

Cuando acabo, tumbada en la esterilla, todo un clásico, le mando lo que he hecho.

2 minutos seguidos de sprint (no se me ha ocurrido nada más incómodo).

2 minutos de ganchos (al acabar he pensado: "A mí nadie me pone límites, y menos yo").

1 minuto sprint.
1 minuto box (más boxeo, porque estaba en modo "killer", como dices tú a veces).
1 minuto sprint.

2 minutos seguidos de sprint.
2 minutos seguidos harapush.
He pensado: "Si lo he podido hacer una vez, lo puedo repetir". Al acabar, el corazón latía fuerte. Me he reído en voz alta, orgullosa de mí.

12 minutos de resiliencia sin moverme ni un ápice en puño contra puño (seguro que ya lo sabías). Llovía entre los cerezos (me gustaba: la lluvia limpia).

Meditación, más o menos mitad del tiempo cada una, según lo he sentido:
• Quemando en el Hara mientras repetía: "Fuerza, amor, confianza, orgullo". El pack completo.
• Simplemente observando la vibración. Necesitaba desaparecer un rato en ella.

—¿Qué sensaciones has tenido? En los 12 minutos, ¿qué tal?

—Los 12 minutos bien, me dolían los hombros, pero me centraba en sentir la vibración y me olvidaba. Las sensaciones, lo que te he ido poniendo... Después de la meditación mejor que antes de empezar, como siempre pasa. ¿Has visto entonces bien el entrenamiento así?

—Perfecto. Mañana 10 minutos de resiliencia con el

cuenco por encima de la cabeza, brazos estirados.

—Vale. ¿Con las manos como en el dibujo chapucero que te mandé aquel primer día de entrenamiento online?

—Sí. Mínimo 10 minutos. Deja que suba toda la locura a la cabeza y se disuelva.

— Te ha faltado decir: "Toda la locura, que es mucha". ¿Entrenamiento de 45?

—Como quieras, pero de 10 a 15 minutos de resiliencia. Que suba, Eva, y deja que se exprese. De ahí a la meditación.

—No entiendo lo que quiere decir: "Que suba la locura y se exprese", pero lo haré y ya está.

—Eso. Confía y suelta. Locura = aflicciones.

—Vale. Ahora mismo sigo notando la vibración. Me ha costado más encontrarla esta semana, pero luego se mantiene mucho. Estos días, donde más la he notado entrenando, ha sido en el sacro. Ayer y hoy sube hasta arriba, la noto en la cabeza. Ahora está en la caja torácica, también atrás en las escápulas... Me hace compañía.

—Maravilloso. A ver mañana.

—¿Tiene algún significado dónde la sientes?

—¿El qué?

—La vibración, o su latencia.

—Siéntela. Cierra los ojos, respira ahí y siéntela.

Lo hago y noto los hombros encogidos, cerca de las orejas. Los aflojo y lo que me parece "oír" es: "No lleves cargas que no son tuyas". La vibración no cesa, al revés, se extiende a todo el cuerpo, desde los pies hasta la cabeza. Pienso que a veces se me hace raro no parar de vibrar, vivir en este pequeño seísmo constante. "¿Será para que recuerde que no debo acomodarme?, ¿que VIVA, así, en mayúsculas?", me pregunto.

Repaso las indicaciones de Curro para el día siguiente sin imaginarme, ni por un segundo, lo que iba a suceder. Mañana será el día en que todo salte por los aires.

EL DÍA QUE DUDÉ DE TODO

Me incorporo en la esterilla haciendo un gran esfuerzo. Me siento totalmente derrotada, como si todas mis creencias se hubieran derrumbado y me hubieran aplastado con su peso. No sé si escribir a Curro o simplemente meterme en la cama y no pensar en nada. Tengo el teléfono a unos centímetros porque lo uso para entrenar, pero lo miro sin saber si es mi amigo o mi enemigo. Me cuesta pensar y creo que eso es lo que hace que mis dedos empiecen a mandar el mensaje. Mi estado es tal que, mientras veo las palabras formándose en la pantalla, no sé cómo es posible que esté explicando nada. Es como si observara a otra persona tomar las riendas, ahora que no tengo ni un ápice de fuerza, ni física ni mental.

—Ya he entrenado. No voy a maquillar nada porque al final tenemos el pacto de decirnos la verdad. Ha sido como una penitencia. He hecho lo mismo que ayer en cardio y luego la resiliencia con el cuenco hacia el cielo. La respiración se me entrecortaba (en esa postura, con el esfuerzo, me cuesta respirar). El dolor de brazos era muy intenso. A partir de los 4 minutos, tenía que hacer paradas de vez en cuando. Descansaba 4 segundos y volvía, pero me dolía todo. Me han empezado a caer lágrimas. Intentaba concentrarme pero solo miraba el reloj, rogándole que se diera prisa. He acabado y me he dejado caer al suelo. Me han dado arcadas y he ido al baño gateando. Me he hecho un ovillo en el suelo y me he puesto a llorar más, dudando de todo, incluso de ti. Me he dicho: "¿Dónde está ahora la guerrera?". A los minutos he oído los OM de la meditación y he vuelto a la esterilla. No he podido hacer más que sentir la vibración en el cuerpo tumbada mientras me decía: "Confía"...

—Eres increíble.

Su contestación me deja aún más en shock, mi cerebro es incapaz de procesar esa respuesta.

—¿Por qué? No me siento increíble.

—¿No ves a la guerrera?

—No.

—¿Quién es la guerrera? La que va con honor y honestidad. El hecho de ir y aguantar es todo. Lo que ha sucedido es la película, lo que la mente te ha traído. Pero tu guerrera ha estado ahí con honor, fuerza, coraje, determinación, confianza... Créeme. Es increíble, Eva. Me quito el sombrero. Ahora, ¡sigue! Sal del ovillo mental, sal a la calle orgullosa y respira. Siente "eso" que está instalado en ti. Y pecho expandido, cabeza alta, orgullo y determinación, mirada al horizonte en la naturaleza y clávate en el suelo, siente la vibración en ti, deja que se exprese. En serio, Eva, es brutal. Enhorabuena. Llegará un momento en que el reloj desaparecerá, el tiempo se parará y buscarás las posturas a la resiliencia, desde ahí el Nirvana: no tiempo, no mente, no espacio. Hazme un favor. ¿Me lo haces?

Yo estoy leyendo todo lo que dice como anestesiada, muy confusa por todo lo que he vivido, por cómo lo he sentido y por la interpretación diametralmente opuesta de la situación que está haciendo Curro. Sigo en el suelo, frente al espejo, sin comprender nada de lo que está pasando.

—Claro.

—Relaja la cara, abre los ojos, inhala fuerte por la boca entreabierta. Ahora. Ahora. Ahora —indica marcando tiempos cada pocos segundos—. SONRÍE —y hace otra pausa—. Gracias.

—Madre mía. Tu locura me hace sonreír, yo creo —contesto sintiéndome mucho mejor, porque, siguiendo sus instrucciones, parece que por fin he regresado de algún lugar lejano—. Gracias a ti.

—Has sonreído —afirma. A veces, cuando hablo con él, me siento tentada a mirar si hay alguna cámara grabándome.

—Me estoy riendo.

—Lo sé. ¿Ves como todo cambia? Sal a la calle, Eva, y haz el amor al mundo entero —esa frase me vuelve a hacer reír, aunque entiendo el sentido en que lo dice—. Eres una guerrera. Fuerza y Honor.

—Confío. Te quiero. Gracias.

—Esta tarde me cuentas —y es la primera vez que utiliza un apelativo que ya se convierte en otro clásico entre nosotros—. Me siento muy orgulloso de ti, pequeña saltamontes.

Me quedo sentada unos minutos más sin saber muy bien cómo interiorizar esta experiencia. Llego a la conclusión de que, utilizando la mente, me va a resultar complicado, así que me obligo a salir de esos parámetros e intento dejar que todo se vaya asimilando de forma más sutil, como si las palabras de Curro fueran una lluvia fina que hubiera ido calando en mí y ahora cada célula estuviera procesando la información.

Me incorporo y veo que el día es puramente invernal. El cielo es de un color gris plomizo y no invita a salir a pasear, pero debo ir a la naturaleza, eso ha dicho mi maestro. Además, me apetece sentir el aire en la cara, sé que me hará bien.

De repente, soy consciente de que tengo mucho frío porque he entrenado y he permanecido mucho tiempo en el suelo sin moverme, después de haber sudado un montón. Me meto en la ducha temblando y agradezco de todo corazón el agua caliente enrojeciendo mi cuerpo y desentumeciendo mis músculos. Poco a poco me voy encontrando mejor también a nivel físico, como si el agua me estuviera haciendo mil caricias para que vuelva a anclarme al presente, a la piel.

Me abrigo bien y salgo a la calle con un paraguas. En ese momento no llueve pero amenaza con ponerse a diluviar en cualquier momento. Siento el viento gélido descongestionando mis ojos, hinchados de haber llorado, y sonrío, como si todos los elementos se hubieran puesto de acuerdo para cuidar de mí.

. Voy a un parque cercano, envuelta en una extraña sensación. Parece que el tiempo transcurriera muy lento, como si todo a mi alrededor fuera más despacio, y yo siguiera a velocidad normal. Noto mis sentidos más agudizados y el corazón muy expandido.

Hay un pequeño lago y tres patos corren sobre el agua antes de alzar el vuelo. Inmediatamente pienso en Curro, porque el tres es su número, y me siento como los romanos que observaban las aves en el cielo e interpretaban si se trataba de un buen augurio o no, dependiendo de cuántas eran o de las pautas de su vuelo. Yo lo tomo como una buena señal y me siento acompañada por él, como si, de alguna manera, me siguiera vigilando y protegiendo desde lejos.

Cuando paso cerca de algún árbol, acaricio suavemente su corteza con la punta de los dedos y voy sintiendo cada vez más paz. Me detengo junto a uno con mucho musgo de un precioso color verde intenso. El dibujo de la corteza forma unos surcos rojizos, que resaltan aún más junto al verde, y me recuerdan a cicatrices que todavía estuvieran sangrando. Decido cerrar los ojos, contener la respiración y conectar bajo sus ramas.

Horas después cuando Curro me pregunta qué tal el día, le describo el momento y las sensaciones que me acompañan.

—He acariciado su corteza y le he dado las gracias por acogerme y por demostrarme que hay vida alrededor de las cicatrices. Nunca le había dado las gracias a un árbol. Todo esto creo que hace que me suban los niveles de sensibilidad por encima de lo recomendado por la Organización Mundial de la Salud.

—¿Agradecida?

—Claro, estoy muy agradecida por todo lo que estoy viviendo. Incluso cuando es un mal día, son sensaciones que nunca había tenido y me gusta ir descubriendo el mundo.

Por la noche, me manda un video que se llama "pequeño saltamontes". Es un anuncio de risa, de un refresco, donde se ve a unos monjes budistas entrenando. Yo contraataco con uno de Martes y Trece en el que también se parodia la mítica serie de Kung Fu.

En mi estado de WhatsApp aparece desde entonces, entre otras cosas, una niña pequeña sonriendo junto a un saltamontes, para que no se me olvide lo que significa en realidad ser una guerrera y para recordar que mi maestro se siente orgulloso de mí. Y yo también.

INSPIRACIÓN

Han pasado dos días desde que viví la intensa experiencia de bajar al lodo más profundo para luego resurgir, como esa flor de loto que tanto me gusta.

—¿Qué entrenamiento estás haciendo? —me pregunta Curro.

—Ayer el de 30 minutos tuyo, pero cambié la meditación a la de las manos en el corazón. Hoy voy a hacer el de 15 porque estoy muy cansada.

—OK. ¿Mañana trabajas?

—No, ya estoy de vacaciones hasta la semana que viene —contesto creyendo que me pregunta por simple curiosidad—. ¿Alguna indicación especial, aparte de máxima intensidad? —bromeo.

—Deberías repetir el entrenamiento del domingo, tal vez el jueves. Ya tienes las claves.

No lo he visto venir y me pongo muy nerviosa.

—¿El chungo? —aún hoy sigo utilizando este término tan técnico para referirme a él.

—Ya conoces el entorno

—Me da miedo, te lo juro.

—Por eso.

—Vale, el jueves.

Hoy es martes.

—Mira —y empiezo a recibir fotos suyas en posturas de resiliencia—. Posiciones de treinta minutos con cargas de diez kilos.

—¿A eso tengo que llegar? —pregunto cada vez más asustada.

—No. O sí. Solo es para que tengas confianza. A veces el camino de lo desconocido da miedo y ahí la mente te machaca. Ese camino es el camino de la vida, pero tú ya lo conoces porque lo hiciste el domingo. Créeme, eres muy valiente porque estabas sola y no te rendiste. Ahora solo trasciende. Puedes hacerlo y entrar en el Nirvana (la no-mente) y, cuando llegues ahí, será todo dicha y querrás más tiempo, diez minutos será poco. Solo recuerda, y es importante: sé amable contigo. Busca ese grado de posición que te permita cumplir la meta sin dolor mental. Es muy sutil: un grado, dos… Esa es la posición ante la vida.

—Pero, la del cuenco arriba otra vez, ¿no?

—Sí, esa, sin peso. Solo el cuenco arriba.

—Vale, el jueves lo hago, a ver qué tal. ¿Pero dices con el cuenco sobre las manos o como estás tú? —una de sus fotos es con el cuenco cogido con las dos manos por encima de la cabeza pero con los codos doblados y tengo la esperanza de que sea así, porque lo veo más fácil—. Es que yo la hice con los brazos estirados del todo, el cuenco sobre las palmas de las manos.

—Así ha de ser, pero busca el ángulo, sé amable.

—Tengo tanto miedo que el corazón me late rápido.

—Confía. Y cuchillo en boca, guerrera. Antes de entrenar relee está conversación.

—Lo haré —respondo temblando.

Después de aquel entrenamiento, y sobre todo después de interiorizar todo lo que Curro me dijo, me sentí mucho más fuerte y orgullosa de mí pero, pensar en tener que revivir tan pronto una experiencia que me llevó a esos límites, me asusta muchísimo. Sin embargo, sé que debo pasar por ello para trascenderlo del todo y seguir avanzando.

Intento no darle muchas vueltas al tema para que la mente y sus reticencias no me jueguen malas pasadas y el jueves, nada más levantarme, entreno. Cuando acabo, comparto las sensaciones con mi maestro.

—Ya he terminado. No sé si lo he hecho bien o he hecho trampas... Te explico. Me he despertado con miedo, pero también con ganas de ver si podía. Me iba poniendo nerviosa al preparar las cosas y no quería relacionar entrenar con algo desagradable. Me he acordado del día que te describí un entrenamiento y dijiste: "Brutal y poético, una samurái y una geisha" y he pensado que podía buscar esa mezcla de belleza y reto. He encendido una vela, como en los talleres, para mirarla si me encontraba mal, y he decidido hacer la postura con la canción de "Saraswati", que además dura 10 minutos, para no tener que mirar el reloj.

En los festivales había una vela encendida en el centro de la sala y Curro explicaba que, si creías que te faltaban las fuerzas, abrieras los ojos y sintieras la energía del grupo sosteniéndote. La canción es la que sonaba en el bloque de resiliencia del primer taller de OM training al que asistí, en el Hara Festival. Así que creo que, en definitiva, he intentado sentirme un poco arropada y menos sola, por eso dudo si he hecho trampas o puede considerarse una manera de ser amable conmigo misma. Sigo explicando más herramientas que he utilizado.

—He entrenado en ropa interior para recordarme, si abría los ojos, que ahí solo había un cuerpo físico (que además voy viendo más bonito) y que yo soy mucho más que eso... En cardio he hecho igual que el otro día, con los dos minutos de sprint. En la resiliencia no he deshecho del todo en ningún momento: cuando me dolía mucho, me ponía con los brazos un poco flexionados como tú en la foto del disco de diez kilos. He aguantado once minutos, no quería hacer lo justo, pero ya me dolían mucho las lumbares y el cuello. He bajado a "Balasana" para calmar la zona lumbar —es una postura de yoga, en la que estás con las piernas apoyadas en el suelo, flexionado hacia delante, la espalda redondita y la frente apoyada en el suelo—. He pensado que, de paso, me estaba postrando ante la guerrera. He repetido unos minutos el mantra: "Soy una guerrera, honestidad y honor". Luego he hecho el mala en el espejo de: "Soy fuerza, me amo, estoy orgullosa". Me encuentro bien.

—Mira internamente. ¿Qué sientes?

—Paz. Vacío.

—Más.

—Un sutil orgullo.

—Más. Mira más profundo, Eva, en las tripas.

—No lo sé —a veces cuando me pregunta tan serio, tantas cosas, me asusta más que los entrenamientos chungos—. Solo me digo: "¿Ves?, ¿a qué tenías tanto miedo?", pero no detecto nada más.

—¿Volverías a hacerlo? ¿Te pedirías más?

—Sí, volvería a hacerlo. Siempre intento más, pero aún dudo de mis límites… Aún creo que tengo límites.

—Voy a empezar mi entrenamiento. Tu fuerza me aporta fuerza, así que te lo dedico.

Al cabo de un rato, llegan más mensajes.

—Ha sido brutal, de fuerza, claridad y foco. Gracias, Eva, por tu fuerza e inspiración.

—¿Yo hago eso? ¿Inspirarte? —pregunto perpleja—. Pues no sé... Pero, de nada.

—Simplemente acéptalo.

Y entonces llega un audio precioso en el que escucho: "A veces pequeñas muestras mueven mareas, a veces simplemente una confianza, un esfuerzo, una entrega, es poderosísimo. Y no olvides que somos espejos, tanto soy yo para ti como tú para mí. Y no olvidemos, además, que estamos aprendiendo todo el rato. Así que sí, querida amiga, pequeño saltamontes, eres una fuente de inspiración y te lo agradezco. Aprendo de ti en cada instante, cada milésima de segundo. Un beso".

Se me encoge el alma por la emoción, porque me siento muy afortunada de que la persona que me acompaña y guía en este proceso sea tan humilde, con tanta sensibilidad, tan generosa y cariñosa.

—¡Cómo eres! Gracias, por todo. Esto es como un viaje constante por mil sentimientos y a veces me sobrepasan... Te agradezco que expreses tus emociones así, de forma tan abierta y bonita, para que yo también pueda hacerlo.

Y es uno de esos instantes en que tengo la certeza absoluta de que no podría estar en otro momento, ni en otro lugar, que no fuera el "aquí y ahora" de esta vida tan bella.

SATORI

Sigo diseñando mis propios entrenamientos y los voy alternando con los del programa de 22 días. Un día, para variar un poco más en la resiliencia, cojo un palo de escoba e imito una de las fotos que Curro me envió en la que está sosteniendo una catana. Se lo cuento y le digo: "Soy la samurái barrendera", a lo que contesta con emoticonos riendo y un: "¡Genial".

Otro día me dice que elija tres posturas de resiliencia y mantenga cada una cinco minutos pero que, si siento dolor en alguna, puedo volver a la anterior o pasar a la siguiente. Debo aprender a encontrar ese punto en el que no hay dolor mental, ese estado que me permita cumplir pero siendo amable conmigo y, con esta flexibilidad en los tiempos, quizá me sea más fácil.

La posibilidad de cambio me quita presión. Entreno bien y me siento fuerte.

—Intentaba observar para luego poder contarte, pero mi mente se quería ir al vacío y me costaba mantener al observador.

—¿Has sudado?

Contesto con caritas muertas de risa.

—En serio. Dime.

—¡Madre mía! —sé que es en serio pero es que me hace mucha gracia—. Pues sí, pero menos que el otro día, tampoco exagerado la verdad.

Curro ríe. Y sigue con instrucciones.

—Mañana dale caña al cardio, que sudes un montón. Luego si quieres haz dos posturas en quince minutos, alguna que sea por encima del cuello. Y entra en el vacío, no te estés observando, simplemente deja que entre toda la energía, toda la vibración, y no pongas al observador. Entra en ese vacío de cabeza.

Logro mantener veintiún minutos de resiliencia en dos posturas. Tengo muchas visualizaciones en las que estoy en diferentes lugares. Eso hace que me sienta un poco confusa porque, no sé si todo eso que veo, son solo cosas que mi mente crea para despistar.

—¿Y cómo estás ahora? —indaga Curro.

—Centrada. Como con la brújula calibrada... No sé cómo explicártelo mejor.

—Perfecto. Mañana: sprint 1 minuto, harapush 1 minuto, sprint 1 minuto, boxeo 2 minutos (1 ganchos, 1 frontal), armadillo 1 minuto, sprint 1 minuto y armadillo 1 minuto. De ahí subes muy lento sin perder la presión de las manos en Namasté ni la vibración de las piernas. Una vez arriba, mantienes las manos en Namasté y las piernas medio dobladas durante cinco minutos. Entonces busca la postura que más te guste de resiliencia, y la que sea la más cómoda, para rendirte en ella quince minutos. Terminas con la meditación de las manos en el corazón, piernas dobladas muy poco y cuerpo rendido, entregado, el tiempo que quieras.

—Vale... Siempre me da susto al leerlo, pero hoy ya lo he medio hecho, así que vale.

—Se trata de encontrar tu postura donde entres sin

dolor en un Satori. Sabrás lo que es y sonreirás.

—Te iba a preguntar qué era... ¿Venzo la tentación de buscar en Google?

—Búscalo.

—Me cuesta confiar en que voy a trascender la mente... Es como que ahora confío en la fortaleza, pero te veo tan seguro de que voy a llegar a otros estados... Y yo no sé si eso va a pasar.

—No pienses, Eva. Hazlo y confía. Sonreirás.

—Vaaaaale. ¿Cuando las piernas están dobladas las rodillas miran al frente tipo sentadilla o más abiertas tipo sumo? Es que las sigo dejando como si fuera una sentadilla y no sé si es así realmente —pregunto, anclándome a cosas más terrenales que sí puedo controlar.

—Como más cómoda estés. A veces es solo unos centímetros.

—Tengo las piernas muy duritas.

—Claro. Enseguida meteremos sentadillas. ¿Has sudado hoy?

—Siiiiiiiiii. ¡Si te lo he puesto!

—Ah, vale. Eso es importante. Tienes que dejar un charco.

—¿Por qué es tan importante?

—Porque lo digo yo.

Aquí sí que ya me río a carcajadas.

—OK, OK.

—Eres muy curiosona.

—Sí, pero es curiosidad sana para aprender.

—Menuda serías tú de pequeña.

Estas conversaciones no tienen precio, me hacen tan feliz...

—Gracias, gurú.

—Gracias a ti por todo lo que me enseñas. Buenas

noches, pequeña saltamontes.

—Buenas noches, guapo. Gracias por lo que me valoras.

En cuanto nos despedimos busco en internet lo que es un Satori. "Es un momento de no-mente y de presencia total. Término japonés que designa la iluminación en el Budismo Zen. Es el momento en que se descubre de forma clara que solo existe el presente, que el pasado y el futuro son una ilusión, al igual que todo el mundo físico. Satori es un momento de comprensión al nivel más alto, es ir más allá de la experiencia terrenal. Solo se da en niveles elevados de consciencia, comunes en los meditadores, pero al alcance de cualquier persona".

Pues apañados estamos...

Al día siguiente hago el entrenamiento que Curro me propuso, pero no le mando mis impresiones porque está en un retiro con uno de sus maestros, el Lama Tulku Lobsan Rimpoche, y no quiero molestarle. Lo describo todo en una nota de texto para cuando él contacte conmigo.

Me conmueve que solo un día después, a pesar de estar en el retiro y de que sería perfectamente comprensible que desconectara de todo, me pregunte qué tal el entrenamiento.

—Escribí esto: "Hola guapo. Hoy estaba muy cansadita. He trabajado por la tarde y estaba un poco malilla del estómago porque ha sido un día con niveles de estrés por las nubes... Pero no quería usar nada de excusa para no entrenar, así que he hecho todo como me dijiste. En la secuencia que me escribiste, pasar del armadillo al sprint es duro para los gemelos. He estado cinco minutos con las manos en Namasté. La postura de quince minutos que he hecho al final ha sido la de puño contra puño (cuando sentía dolor, en vez de deshacer, acercaba más los puños hacia el pecho). Con las manos en el corazón he estado seis minutos. No he entrado en ningún Satori, pero no me importa. El entrenamiento en sí y las sensaciones me gustan, no siento que tenga que llegar a nada. Sabes que 'confío' y, si tú lo dices, pasará pero no es algo que me preocupe, salvo que a ti te decepcione que no suceda tan pronto como pensabas. Luego me he tumbado en el suelo, me he desenrollado el mala de la mano y me lo he puesto así amontonado sobre el pecho y he hecho la meditación 10/20. Me ardía 'Manipura' (plexo solar). Me siento fuerte y orgullosa de no dejarme vencer por el cuerpo (cansancio o malestar) ni la mente (excusas)".

—Increíble la fuerza que demuestras. Encontrarás el equilibrio. Es increíble y perfecto tal cual es ahora. Me llena de orgullo tu entrega y consciencia.

Me despido agradecida, creyendo que eso es todo por hoy, pero solo un par de horas después me hará llegar un nuevo entrenamiento que volverá a pulverizar algunos de mis límites.

ONNA BUGEISHA

—Diseña hoy tu entrenamiento con las siguientes pautas. 1) Máxima exigencia en el aeróbico. Busca el sudor máximo, casi la extenuación. La guerrera se pone a disposición y a prueba. Visualiza una guerrera abriéndose paso con la catana en un campo de bambúes para llegar al otro lado, donde ha de abrazar a su niña. 2) Parada de uno o dos minutos respirando y escuchando el corazón, bajando pulsaciones, sintiendo amor interno. 3) Resiliencia, una postura. La que más te permita mantener la vibración, pero con amabilidad. Se trata de mantener el cuerpo consciente y dar espacio a que la mente no opine. 4) Meditación de las manos en el corazón.

Me llega la ilustración de una chica morena, vestida con un kimono. Empuña una catana en cada mano, uno de los brazos por encima de la cabeza. Se ve la rama de un cerezo en flor y algunos pétalos rosas cayendo.

—Luego mándame cómo ha ido el entrenamiento. Lo leeré cuando pueda.

—Qué guay eres. Gracias por la visualización —contesto emocionada porque haya estado pensando qué entrenamiento me conviene hoy y que lo haya hecho con tanto cariño y empatía, buscando incluso una imagen mental que me motive y una ilustración que le dé soporte.

—Onna bugeisha.

No sé lo que significa pero no quiero entretenerle más tiempo del necesario. Luego lo investigaré.

—¿Sin marcarme tú tiempos ni nada?

—Hazlo tú. Exige el máximo, pero desde la compasión, sin romper. Se busca la excelencia. Dale. ¿Entendido?

—Sí. Me asusta que todos los días vaya in crescendo... Ahora mi mente me dice que estoy agotada, pero luego me pondré y lo haré, tranquilo.

—¿Sabes cuál es la solución?

—¿No pensar?

—Eso. Chica lista.

—No me refiero agotada con OM training, sino en el trabajo. Semana dura.

—Recuerda que tú marcas el tiempo. A veces en un minuto se alcanza todo. ¿OK?

—Vale, me dejaré llevar.

—Pero hay un equilibrio muy sutil entre la mente "de excusas" y el límite real. Ahora tú manejas el poder, el poder de decisión. Lo que haces con ese poder es todo el trabajo. Ni muy suave porque la mente lo pide, ni muy duro porque quieres demostrar algo. Escucha tu cuerpo. Fluye. Escucha de nuevo. Ámate. Y dale caña. Pero suda —aquí sonrío, inevitablemente—. Es una gran lección la de hoy. ¿La ves?

—Sí, por eso entrené ayer. Te aseguro que, según estaba, si llego a escuchar a la mente me meto en la cama. Intento ser consciente de ese equilibrio entre ambas cosas, porque también puedo caer en el lado de demostrar... Lo tendré en cuenta. Hoy estoy a punto de llorar todo el rato porque me estreso tanto en el trabajo, me exigen tanto (y me dejo exigir tanto) que estoy en umbral chungo ya. Pero ayer, aunque estaba así, en realidad me apetecía entrenar, buscar ese vacío y descansar ahí. ¿Me entiendes?

Curro me hace llegar un audio. Aún antes de escucharlo, ya se lo agradezco de todo corazón porque su voz siempre me calma. "Hola, Eva. Entro a las enseñanzas ya. Sí, claro que te entiendo. Utiliza las herramientas que tienes para que el trabajo, y tu día a día, no te lleven a ese estado. Tú sabes cómo hacerlo, ya lo has hecho, ¿vale? Un fuerte abrazo".

Escucho el audio muchas veces intentando respirar profundamente porque estoy muy estresada y a punto de romperme.

Busco en Google "Onna bugeisha". "Mujer samurái. Reducido grupo de esposas, hijas y hermanas de samuráis que desarrollaron actividades bélicas en el Japón feudal. Miembros de la clase 'bushi' (samurái) fueron entrenadas en el uso de armas para proteger su casa, familia y honor en tiempos de guerra".

Miro la ilustración unos minutos. Necesito sentirme así ya, aunque falten muchas horas para estar en la esterilla.

A las diez de la noche Curro me pregunta qué tal el día. Le debe haber extrañado que no le haya mandado impresiones, pero es que he terminado de entrenar hace dos minutos.

—Pues al final he acabado llorando cuando me he ido a desayunar, pero me ha venido bien para soltar un poco. Luego he conectado unos minutillos en la calle y ya mejor. Además me he puesto tu audio tropecientas veces... Ahora entrenar me ha venido bien, me encuentro más tranquila. Hoy he hecho la parte de boxeo boxeando en serio, como lo hacía cuando iba al gimnasio. Me he grabado unos segundos para que me digas si puedo hacerlo de esta manera o si es mejor con los pies en paralelo, etc. La respiración suena así porque en boxeo sueltas el aire al pegar y ya, si me pongo, me sale solo... Ahora te escribo cómo he hecho el entrenamiento hoy.

Le envío un vídeo donde saco los golpes con la cadencia de uno-dos, como si estuviera pegando a un saco con todas mis ganas.

—Dios, qué miedo —responde, haciéndome reír—. Brutal la fuerza que transmite. Dale así: es perfecto.

—Genial, porque así me motiva más.

— Claro, de eso se trata.

—Hoy he pensado en hacer "asaltos" —como en los combates de boxeo, en los que los rounds duran tres minutos—. Así que he hecho tres y uno doble.

Le describo el entrenamiento.

• *3 minutos sprint (cuando se me cargaba un poco el gemelo trotaba 4 segundos)*

--

• *3 minutos boxeo*

--

• *3 minutos exprimir con el cuenco*

--

• *1 minuto armadillo*
• *2 minutos harapush*
• *1 minuto armadillo*
• *2 minutos harapush*

--

• *17 minutos resiliencia con manos en Namasté (no siento dolor y entro en meditación muy profunda)*

--

• *5 minutos meditación manos en el corazón*

—Me encuentro como si hubiera dormido en vez de entrenado... Con energía y sonriendo.

—Gran asalto. Cuéntame. ¿Qué ha pasado en esos 17 minutos?

—Al principio visualizaciones, como siempre, luego ya me quedé en la nada… Empecé imaginando la que me dijiste tú de la samurái. Cuando llegué con la niña, las dos nos pusimos en la postura de resiliencia. A partir de ahí ya no sé si imagino o qué. Era como si estuviera creando un gran campo energético a nuestro alrededor de fuerza y protección. Luego ya desaparecí. De repente he vuelto a ser consciente de que estaba entrenando.

—¿Había temblor?

—Sí, vibración, pero suave. Me gusta, me recorre toda la columna.

—Bravo.

—He sudado mucho, los asaltos a muerte se notan.

—Bravo, Eva. En ese estado, ¿algún mensaje? ¿Más allá de la visualización/imaginación?

—No, hoy no me ha llegado nada.

—Sigue buscando esa vibración sutil y la no-mente, que te saca del espacio-tiempo. ¿Sabes cómo se llama ese estado?

—¿Lo que me dijiste de Satori?

—Sí. Imagínate dejarlo instalado o llegar a él en un instante. Eres una campeona, en serio. Solo desde la confianza y la fuerza se llega.

—Jo, ¡gracias! Hoy me he dicho: "Puedes; ¿ves como puedes?". Parecía imposible.

—Gracias a ti por confiar.

—¡Siempre!

—¿Cómo te sientes? Dime.

—Bien. Ahora me siento genial, como una guerrera.

—Pues ahora sigue ahí. Mañana más, hasta que llegues a ese estado simplemente respirando. Del máximo esfuerzo al mínimo. Has llegado en tiempo récord.

—Bueno, estoy disfrutando el camino.

—Has llegado al principio del camino —me río por el "zasca", para que no me flipe—. Queda mucho, afortunadamente. Lo chulo es caminar.

—No, no me refiero a eso, sino al proceso. Que estoy disfrutando el proceso, quería decir. No tengo ninguna prisa, te lo prometo.

—Lo sé. En serio, estás brutal.

Nos despedimos para que pueda continuar con las actividades de su retiro.

Esta guerrera necesita descansar. Me duermo enseguida, agotada pero feliz, y agradecida porque mis pies estén en el camino, en las afueras o en mitad de un campo de bambúes… Yo solo quiero seguir dando pasitos y vivir al máximo cada instante.

LOTO-RENACIMIENTO

Curro sigue en el retiro y no sé si quiere saber cada entrenamiento que hago o no, porque hay días en los que lo "único" que pasa es la maravillosa "normalidad". Por si acaso se lo mando, destacando que he sudado muchísimo, incluso en resiliencia, que he sentido absolutamente todo el cuerpo vibrando y que estoy muy orgullosa de entrenar cada día. "Joder, Eva, ¡qué bien! Muy bien", me responde este gurú tan moderno que tengo…

Al día siguiente opto por no molestarle y recurro a redactarlo en una nota de texto, por si en algún momento quiere saber qué he hecho. Pasa un día más y vuelvo a tener noticias suyas. Me cuenta que ya está en casa de su gran amigo Andoni, el monje budista tibetano Thupten Thendar.

—Me vine ayer después del retiro y llevamos dos días sin parar de trabajar la mente y OM training. Es increíble todo lo que se está generando. Estoy muy feliz, Eva —se le nota, y yo me encuentro igual de feliz al sentirle así—. Cuéntame qué tal estás y qué tal ayer y hoy tu entrenamiento.

El matiz de que se interese el amigo (qué tal estás) y el maestro (qué tal los entrenamientos) es una de las cosas que me encantan de esta relación tan bonita.

Le explico lo que hice ayer de cardio y resiliencia, pero pongo el foco en la meditación, porque no conseguí conectar demasiado con el sentimiento de amor que me invade otras veces.

Le digo que hoy, para asegurar, me he puesto la música de "Heart Chakra Meditation", que él conoce de sobra. Se usa en una meditación activa de Osho que descubrí en el Hara Festival y que me dejó el corazón expandido muchísimos días. Me ha parecido buena idea utilizar esa música para reforzar mi seguridad en que hoy recuperaré la sensación de conexión con el amor.

—Me han llegado cosillas. Una ha sido: "No tengas miedo de las cosas que deseas, deséalas con todo tu corazón". Luego me sentía como un mar de amor (no sé explicarlo de otra manera) y era como si escuchara: "Recuerda que eres el mar, no una de las barcas".

Yo creo que he entendido o intuido la esencia del mensaje. Es algo así como que no me sienta pequeña ni perdida en una inmensidad que no controlo. Que no soy mis sentimientos ni mis emociones, que se muestran agitadas a veces. Que no me identifique con ellas, creyendo que soy solo eso. Que soy el espacio donde ocurre todo eso. Curro introduce nuevos matices que me hacen pensar.

—Eres el mar, no la ola… Los vientos generan la ola, las mareas generan la ola, pero eres la inmensidad del mar que observa la ola, entendiendo su formación, fuerza y motivación. Qué bonitos entrenamientos.

Después me pregunta si quiero entrenar mañana online con uno de sus grupos porque va a introducir una serie nueva que me mencionó el otro día y así nos la explica a todos a la vez.

Así que al día siguiente conectamos por videoconferencia y conozco a otros alumnos que van a comenzar la segunda semana del programa "22 días non stop". Recuerdo los nervios y sensaciones que yo tenía y me pregunto si ellos estarán igual. Cuando empiezan a hacer balance de los primeros siete días, me siento muy orgullosa de Curro, de ver que está ayudando a muchísimas personas, y me encanta formar parte de todo esto y poder vivirlo tan intensamente. Me pide que cuente yo también un poco mi experiencia e intento transmitirles la ilusión y el amor que tengo por OM training.

Curro empieza a explicar lo que vamos a hacer hoy. Conozco casi todos ejercicios, pero también ha metido algunos nuevos y ha creado una secuencia distinta que se llama "Loto-Renacimiento".

En uno de ellos hay que apretar los puños con los brazos estirados, reteniendo la respiración y contrayendo el ano, para luego abrir las manos con fuerza a la vez que se expulsa el aire por la boca haciendo el sonido "aaaaaahhhhhh".

Mi corazón se pone a latir a toda pastilla y empiezo a sudar. Tengo la esperanza de que, como hay un montón de gente conectada, Curro no se esté fijando en mí. Mi desproporcionado sentido del ridículo está provocando que me ponga muy nerviosa por tener que hacer ese ejercicio. Mientras siguen las explicaciones yo intento tranquilizarme pensando que todo el mundo va a hacer lo mismo, que habrá música y ni se oirá mi voz y que cada uno estará a lo suyo, pero estoy agobiada y me siento frustrada de que una chorrada me desestabilice tanto.

Llega el momento de entrenar, hago todas las series, siento arder las mejillas por la vergüenza (pero confío en que se confunda con el esfuerzo del cardio) y todo acaba.

Curro empieza a pedir impresiones a los demás, que están encantados, y yo rezo para que no me pregunte porque es imposible que le mienta pero no quiero decir nada de esto en voz alta. Cómo no, le veo en la pantalla dirigiéndose a mí y esperando respuesta. Pienso: "Tierra trágame", pero el suelo no se abre.

—Pues sabes que yo soy muy "para adentro", así que lo de soltar el aire y decir "aaaaaahhhhhh" me incomoda bastante. Es algo mío, el ejercicio está guay — me está entrando pánico de decepcionarle o de estar dando la impresión de menospreciar la secuencia—, pero es que esas cosas me cuestan. Ya me conoces.

En serio, por favor, que la tarima de mi salón se abra y me engulla.

—Pero luego lo harás en casa sola y no te estará viendo nadie.

—Ya, pero yo me siento ridícula igual...

Curro me mira, sonriéndome con los ojos y con la boca mientras yo no sé dónde meterme, y dice las palabras que me temía.

—Bueno, pues ya sabes que lo vas a tener que hacer todos los días, ¿no?

—Sí —digo riéndome, porque era muy obvio.

Sigue hablando con el resto unos minutos más y acaba la sesión.

Yo paso lo que queda de tarde y la noche con un montón de absurdo ruido mental y a la mañana siguiente le mando un mensaje larguísimo con todo lo que he vivido desde ayer.

"Esta noche me he despertado a las dos y media de la madrugada con muchísima sed. Me he levantado a beber y ha sido como cuando en una sauna echas agua sobre las piedras esas calientes... Me han empezado a arder los riñones y luego todo el cuerpo. He pensado: '¿A que entro en combustión espontánea?'. Me he asustado un poco y todo. He estado así un minuto y luego ha bajado, aunque es como si los riñones se me hubieran quedado ya activos. No sé si con el agobio de ayer por los 'aaaaaahhhhhh', he tenido trabajo extra quemando cosas o qué. No he podido volver a dormirme, así que a las cinco me he puesto a entrenar (de todas formas me había puesto el despertador a las seis porque hoy tengo cosas que hacer hasta las diez de la noche y no me fío tanto de mi fuerza de voluntad).

Tengo miedo a decepcionarte pero tengo más miedo a mentirte, así que, aunque quede infantil o me sienta como dando un paso atrás, te voy a contar la realidad desde ayer.

Me sorprende lo que me pueden desestabilizar los complejos o sentir que no tengo el control o dejarme llevar o no sé exactamente qué. Anoche iba al espejo y hacía 'aaaaaahhhhhh' y decía: '¿Qué pasa, por decir aaaaaahhhhhh?'. Y no lo sé, pero me sentía incómoda y ridícula. Y pensaba: '¿Por qué tengo que exteriorizar nada y hacer ruidos?'. ¿Sabes tú qué es lo que me pasa? ¿Falta de amor, mucho miedo o qué?

Mi mente me ha estado diciendo que me iba a estropear el entrenamiento, que con lo guay que es todo que por qué lo tengo que hacer, etc., etc. Y luego me he estado recriminando que por qué no pude ser más lista y haberte dicho que muy guay la nueva serie porque, respondiendo lo que respondí, ya sabía yo lo que iba a pasar (pero es que al final es engañarme a mí -porque sé que a ti no- y soy consciente de que tengo que pasar por ahí y confiar).

Creo que he descubierto que la palabra 'valiente' puede tener varias connotaciones... Nunca me he sentido valiente porque hago las cosas muerta de miedo y creía que eso era sinónimo de ser cobarde. Cuando le conté a mi mejor amigo el día del entrenamiento chungo y le dije que se me caían las lágrimas en la postura, me dijo extrañado:

'¿Y por qué no deshacías?'. Y ahí caí en ese detalle: en ningún momento me planteé no hacerlo, esa opción ni se me pasó por la cabeza. Así que creo que soy como un antihéroe, estoy muerta de miedo o de vergüenza, pero hago las cosas de todas maneras y supongo que eso es un tipo de fortaleza. Y, aunque a ojos de otros mis monstruos sean pequeños, a veces yo también me siento pequeña, así que la batalla es ardua.

He hecho la serie de anoche como la recordaba, aunque no sé si es exacta ni en la forma ni en los tiempos. Ayer el entrenamiento me pareció un poco intenso para cuádriceps y eché de menos el boxeo para el tren superior, así que lo he incluido y me he sentido más cómoda con ambas cosas (descansan los cuádriceps y dejo salir a la 'killer').

Mi variación en la parte de cardio ha sido:
- *Sprint (1 minuto)*
- *Sentadillas dinámicas (30 segundos)*
- *Box frontal (1 minuto)*
- *Sprint (1 minuto)*
- *Sentadillas profundas (30 segundos)*
- *Ganchos (1 minuto)*
- *Sprint (1 minuto)*
- *Sentadilla mantenida (30 segundos)*

He hecho pausa después. Ayer la eché de menos para conectar con el trabajo del corazón, transmitiendo información a las células. Luego, he seguido con la secuencia del loto:
- *Harapush (1 minuto)*
- *Armadillo (1 minuto)*

• Brazos extendidos con las manos en forma de cuenco (1 minuto)

• Brazos extendidos en cruz, puños cerrados, apnea, aaaaaahhhhhh... (1 minuto)

(Después he repetido la serie pero con los brazos y los puños hacia el cielo)

De ahí he ido a la postura de resiliencia con los brazos abiertos y juntando escápulas durante diez minutos y a la meditación con las manos en el corazón durante cuatro minutos.

Pues bien, después de todo el drama del 'aaaaaahhhhhh', he sentido que no era para tanto y me he quedado muy sorprendida.

En la postura con los puños hacia el cielo, al abrir las manos he notado la energía subiendo hasta la punta de los dedos e incluso me parecía que seguía más allá de mi cuerpo.

En la resiliencia me ha llegado: 'Sigue aprendiendo a quererte y relájate'.

En el mala frente al espejo lo primero que me he dicho ha sido: '¿Qué te parece lo loca que eres?'. Ni siquiera 'lo loca que estás' (el matiz es importante), pero he sonreído.

Me he vuelto a la cama y he dormido cuarenta y cinco minutos. Cuando ha sonado el despertador me caía de sueño.

¿Tú crees que esto es de ser una buena pequeña saltamontes?".

A los pocos minutos, Curro responde:

"1) No deshacías porque confías. Porque eres buena alumna. Porque eres fuerte y comprometida. 2) ¿Has visto la mente? ¿Cómo construye una montaña de la nada y hace tinieblas donde sólo hay un juego, un baile...? 3) Sigue practicando ese ejercicio, verás cómo te transporta más allá de los sentidos reconocidos. Eres increíble Eva".

"Tú también eres increíble. Gracias por cada día", respondo emocionada.

A lo largo de la mañana me manda vídeos, explicando la secuencia del loto y su motivación, así como el audio para entrenar. Indica que está especialmente diseñado para el final de año (estamos a mediados de diciembre). En el harapush hay que visualizar que nos estamos entregando a la muerte, es el final de ciclo, y nos estamos liberando, soltando toda la energía del año que acaba. En el armadillo tenemos que visualizar todo el amor de la concepción, toda la generación de energía de ese momento de la concepción. De ahí subimos despacio a la posición de brazos estirados frente al pecho con las manos en forma de cuenco (cuando nos estamos levantando estamos haciendo crecer el tallo y cuando ponemos las manos al frente estamos generando vida, estamos palpitantes). Cuando abrimos los brazos estamos generando la apertura a la vida, abriendo las ramas y las flores de nuestro loto. Al subir los brazos y abrir las manos fuerte estamos generando el crecimiento, la expansión (tenemos que sentir como toda la electricidad llega hasta la punta de los dedos). Cuando abrimos los brazos en el ejercicio de resiliencia siguiente, estamos estableciendo todo el concepto de amor expansivo, abrazando y abriéndonos al nuevo año, aceptando y entregándonos a todo lo que ha de venir.

¿Quién puede evitar rendirse a algo tan bello? A partir de ese día, durante muchas semanas, renazco una y otra vez.

HACIENDO EL AMOR CON EL UNIVERSO

En el entrenamiento de hoy me han sucedido cosas que no entiendo, así que escribo impresiones y se las mando a Curro.

"Hola, guapo. Espero que estés muy bien. Ayer hice el entrenamiento del audio del loto, tal cual. Me dolían mucho los cuádriceps, mi mente me decía que al día siguiente no iba a entrenar, que ya llevaba muchos días seguidos y que me diera un respiro. Enseguida otra parte de mí dijo que al día siguiente ya veríamos, que poco a poco… No tuve ninguna sensación más allá de la vibración.

Hoy he tenido un día horrible en el trabajo. Me he sentido un poco frustrada de no ser capaz de gestionarlo una vez más, de verdad que no he sido capaz de ninguna manera. He vuelto a llorar. ¿Cómo haces cuando no tienes ni un segundo para conectar? Eso: me he sentido frustrada.

Luego he tenido que hacer recados y he llegado a casa a las siete. Dudaba si entrenar y he pensado que sí, que tenía que entrenar a muerte. Quería llegar a fundir el cuerpo y también la mente, desaparecer… No sé.

He hecho el cardio y la secuencia del loto del audio.

Luego he cambiado a mis tiempos: 6 minutos de resiliencia con los brazos abiertos; 20 minutos de resiliencia con las manos en Namasté; 6 minutos meditando con las manos en el corazón. Visualizaba mi corazón como una flor de loto y oía: 'Ábrete sin miedo a todo lo que viene'.

Necesitaba meditar más aún. Me he sentado. Vibraba muchísimo, no con sacudidas ni nada, una vibración continua pero intensa. Del sacro al cráneo y la boca mucho, como siempre.

Y ahora te voy a contar lo que ha pasado, porque al final para eso estoy, para contarte, aunque me da un poco de corte...

He empezado a notar sensaciones extrañas y he empezado a sentir como si estuviera haciendo el amor con el universo. Tal cual. Y he estado como 20 minutos en un orgasmo 'valle', como los que describe el Tantra.

No sé si es normal ni lo que significa pero ha sido guay. Y eso es lo que ha pasado hoy".

Dudo si compartir todo esto porque me da un poco de vergüenza, pero aquí se mezcla ese doble aspecto de amigo y maestro y sé que me va a entender. Doy a "enviar" y, a los pocos minutos, recibo mensaje de Curro, que dice:

—Guapa, luego te leo bien. Estoy en el cine.

Sonrío, porque es de esos casos en los que me parece que el universo me guiña un ojo y me dice "¿Ves como no es para tanto? Tranquila". Dos horas después, se vuelve a poner en contacto conmigo.

—Qué bonito, Eva. Primero, cuando no hay tiempo para conectar, pongo el automático... Manos al mentón y no dejar que entre ni una —sonrío por la metáfora pugilística que comprendo perfectamente—. No intento hacer nada más que pasar el trance, confiando en que es cuestión de horas. Máxima concentración —y estas sencillas pautas me han ayudado muchísimo desde entonces—. Enhorabuena por sacar la fuerza para cumplir con tu compromiso y hallar ahí tu burbuja, tu templo de luz. Precioso cuando te fundes con tu mente maestra y eres una con el todo —creo que no se puede describir de manera más dulce y pura lo que me ha pasado y cierro los ojos un instante, agradecida de tener un maestro con esta sensibilidad—. Trata de anclar esa sensación. Poético y poderoso.

—Ha sido bonito, la verdad. Un poco raro, pero me he acordado de que en el audio precisamente dices algo así: "Deja que se exprese la energía y no juzgues". Estoy tratando de no racionalizarlo mucho, pero me cuesta un poco entenderlo (si es que tengo que entenderlo).

—Siente.

—Sí, mejor. Es que son tantos altibajos en un mismo día... A ver si me estabilizo un poco.

—¿Estás tranquilita? —y la blanca inocencia que desprende su interés me vuelve a conmover.

—Sí, estoy súper tranquila. Qué raro es todo, madre mía…

—Afortunada de tener una herramienta que te ecualiza. Los picos son normales, la historia es cuánto te quedas en ellos. Siempre hay un aprendizaje. Piensa cómo estaría ahora la Eva de hace seis meses, después de un día así.

—Muy diferente, sí. Todo lo que ha pasado hoy… Decirme: "Tengo que entrenar hasta desparecer", esas sensaciones... Muy diferente, sin duda.

—Pues eso.

—Gracias por estar ahí para compartir todas estas cosas. Es muy chulo poder expresarlo.

—Claro, aquí estoy, y además es de gran crecimiento también para mí.

Empezamos a hablar de otros entrenamientos y me cuenta que él también está usando la secuencia del loto para iniciar los suyos y que le gusta mucho. Luego seguimos charlando de la vida hasta que me dice que se está quedando bizco de escribir porque se le cierran los ojos. Me río y le deseo que descanse.

Yo me duermo sintiendo una gran paz, abrazada por el universo entero.

CUÁL ES LA REALIDAD

Sigo entrenando cada día. A veces hago secuencias diseñadas por mí, a veces las de Curro y, otras, combino ambas. Cuando sucede algo que me llama la atención, comparto la experiencia, como un día que en resiliencia hice la postura de brazos estirados con las manos en forma de cuenco y sentí que ponía todo mi ser en ese cuenco y le decía al universo: "Aquí me tienes, haz lo que tengas que hacer", en un acto de entrega del que obtuve a cambio mucha paz.

O como cuando estuve diez minutos con los brazos hacia el cielo, a pesar de que sigue siendo la postura que más me cuesta, porque pensé que quería lograr encontrarme cómoda en la incomodidad o, al menos, serena. En el ejercicio y en la vida.

O las sensaciones en la meditación tumbada con la respiración 10/20, fascinada al sentir la energía distribuyéndose por todo mi cuerpo y colonizando cada centímetro de mi ser.

Hay días, sin embargo, en que suceden demasiadas cosas y necesito ayuda para asimilarlas. Un domingo entreno al mediodía y escribo las sensaciones en una nota de texto, pero no la mando porque me encuentro un poco rara y no me siento preparada para hablarlo en ese instante. Por la noche, le explico a Curro que la descripción del entrenamiento es de hace unas seis horas.

—He hecho la secuencia del loto y el entrenamiento tuyo de 45 minutos tal cual. Me he acordado de ti porque he empezado a sudar ya desde el loto y he sudado una bestialidad, de las veces que más. El cardio me ha costado un montón. Muchísimo ruido mental de qué hago entrenando todos los días, que seguro que nadie entrena siempre, que me voy a lesionar, que los cuádriceps y los gemelos están cargadísimos, que patatín que patatán. Las posturas de resiliencia siempre cuestan, pero las he aguantado bien al ser tiempos más cortos que los que trabajo últimamente. La meditación en el corazón me sigue encantando, aunque ha habido un momento en el que me ha parecido que me iba a desmayar. Creo que simplemente iba a pasar a un estado de más vacío, pero me he asustado y he perdido la sensación. Luego, sentada quemando en el Hara, vibraba mucho y el pecho me ardía, pero no en plan chungo: era agradable. Al pasar a tumbarme con la respiración 10/20 es como si me hubiera dejado caer en esa zona del pecho, como si estuviera flotando en un mar cálido y en calma... Me ha costado muchísimo volver, un gran esfuerzo mental salir de ahí, pero me ha ayudado sentir mucho frío, de tanto sudar yo creo que luego me he quedado helada de repente.

—Me parece genial que hayas empezado con el loto y luego la secuencia de 45 minutos. En realidad el loto está diseñado para hacerlo solo en sucesivos procesos. Sin nada más: mucha intensidad, subiendo tiempos y repeticiones, y sumándole meditación. Por sí solo es poderosísimo.

—Pues cuando quieras que lo haga así, me lo dices...

—Entiendo tus resistencias y ruido mental sobre el juicio del entrenamiento, es normal. Esa es la mayor resiliencia: ponerte sobre el tapete de yoga y hacerlo. Por otro lado, has llegado en la meditación a ese punto… Suelta la próxima vez y cruza, sin pensar en lo que venga detrás. Sumérgete, aunque ya no hagas nada más. ¿Entiendes?

—¿Cuando estaba de pie o con el calor? ¿A qué punto te refieres?

—Cuando has pensado que te desmayarías.

—¿Se siente eso? Me he asustado, no sé si seré capaz… Me cuesta soltar el control.

—Simplemente siéntate y mantén la postura y la vibración, si quieres tener más soporte.

—Vale.

—Eva, haces un gran trabajo. Enhorabuena.

—Lo haré, tranquilo —me preocupa que piense que estoy intentando excusarme—. Sólo te cuento mis resistencias, pero lo haré aunque tenga miedo...

—Ya lo sé. ¿Cómo te sientes ahora?

—Ahora mejor, pero al acabar me encontraba mal.

—¿Por? ¿Mal por qué?

—Porque fue un shock volver de ese estado en el que estaba, al frío... El frío se me quedó en el alma y no se me fue en un buen rato. En plan: "¿Para qué vuelves aquí?". Me puse triste.

—¿Aquí a dónde Eva? ¿A la realidad?

—Sí.

—¿Y dónde estabas?

—No sé como en una "nada". Y se estaba bien.

—Esa es la realidad, o sea, tu mente maestra... Esto que vivimos es una proyección de nuestra mente, que se refleja frente a nosotros en base a nuestro karma. Por eso es maravilloso que depures y generes buena conexión con tu mente maestra (amor), porque desde ahí generas las condiciones para que "la película" esté limpia de karma negativo (o al menos tengas la visión perimetral) y tu vibración, en amor, genere el campo de atracción de todo lo que tu ser precisa. Yo cuando paso a la meditación, si he sudado mucho, me pongo algo por encima y una toalla en la cabeza para que no se pire la temperatura del cuerpo. Incluso en el gimnasio lo hago.

Nuevamente ese equilibrio perfecto entre espiritualidad y consejos terrenales.

—Como Lawrence de Arabia —bromeo—. Tenía una manta encima, pero ese frío… Es la primera vez que me pasa. Lo tendré en cuenta.

Releo lo que me ha dicho de depurar y generar conexión con la mente maestra y me siento totalmente insegura de si voy por buen camino. A veces me siento muy pequeña, abrumada por las sensaciones y por las experiencias que voy teniendo.

—¿Estoy haciendo eso que dices?

—Totalmente

—¿De verdad?

—Eva, créeme. Te diré una cosa. Escucha muy atenta, ¿vale? ¿Estás atenta?

—Sí —digo con el corazón encogido.

—OK. Llegar donde estás llegando es trabajo de años. Incluso hay meditadores que nunca llegan. Así que, sigue. Enhorabuena. Ya —y aquí hace una pausa en la escritura— puedes respirar.

—Que no vale espiar... —escribo, respirando profundamente.

Curro ríe.

—Te siento todo el rato. En serio, Eva. Estás llegando a un espacio difícil de alcanzar con meditación

Zazen. Además de la indagación y enseñanza de la mente Búdica, que es la mente maestra. ¡Sigue así! Cuando llegues, nos vemos allí.

Yo no sé qué decir. Solo permanezco atenta a la pantalla sin llegar a entender del todo.

—Eeeyyy. Dime algo.

Releo la última frase, antes de su petición de que reaccione, y recuerdo que un día, leyendo un libro sobre Budismo, le pregunté a Curro si había alcanzado la iluminación. Él me lo negó entre risas pero no me quedé muy convencida, así que ahora contraataco.

—¿Ves? Te dije un día que habías alcanzado la iluminación. Estoy segura de que eres un buda o por lo menos un eeeeelfoooo —digo aludiendo a un anuncio navideño de unos conocidos grandes almacenes.

—Seré un elfo… Me mola. Todos tenemos la esencia Búdica. Tú también lo eres.

—¿Un elfo?

—Una elfa.

Sonrío, no solo porque me haga gracia, sino porque me gusta cómo reafirma mi feminidad de vez en cuando de forma sutil.

—Muchas gracias por escucharme y por los ánimos y ¡por todo!

Le mando una ilustración de dos elefantes dándose un abrazo y añado: "Gracias por estar siempre ahí/aquí". Y es que, sea cual sea la realidad, me siento acompañada y guiada por él en todas ellas.

CONFIANZA, CREENCIA, AUTOESTIMA

Obviamente no siempre es fácil.

Uno de esos días, desenrollo la esterilla, apoyo la frente en el suelo y me digo que no puedo, que estoy agotada… Sin embargo, pasados unos minutos me levanto y me pongo a hacer sprint. No sé de dónde saco las fuerzas, es como si simplemente no escuchara a mi mente y ya está.

En resiliencia mi intención era sujetar el cuenco por encima de la cabeza con los codos doblados durante once minutos y luego pasar a la postura del cuenco en el Hara durante otros once, pero me es imposible. Solo logro mantenerme en la primera seis minutos, porque me sigue costando mucho permanecer con los brazos arriba y el dolor me saca de la meditación. Cambio a la del Hara y estoy en ella dieciséis minutos. Me vibra todo el cuerpo pero sobre todo las manos, hasta el punto de que me cuesta sujetar el cuenco. En los últimos minutos siento tanto amor expansivo, tanto amor a todo, que parece que me va a estallar el corazón.

Luego, meditando sentada, noto la energía moviéndose en forma de olas por mi espalda.

Cuando acabo, estoy muy orgullosa de haber cumplido con mi compromiso y entiendo un poquito más que todo está en la mente.

—¿Y luego? ¿Qué hiciste luego? ¿Cómo estaba tu piel? —indaga Curro, cuando se lo cuento horas más tarde.

¡Madre mía! A veces me hace preguntas muy difíciles… Vuelve a quedar de manifiesto que, normalmente, solo me centro en lo que pasa durante el entrenamiento pero luego no prolongo ese estado de consciencia. Me da rabia no poder dar detalles.

—No me he fijado. Hablé con mis padres, me habían estado llamando pero lo tenía en silencio.

—¿Qué sentías al hablar con tus padres? No qué pensabas.

—No lo sé. Lo siento... No me acuerdo, no logro conectar con ello —respondo apenada.

—No te preocupes.

—Me fijaré más en qué sucede después.

—Tranquila, no fuerces nada. Estás haciendo entrenamientos muy buenos, Eva, y de gran fuerza. ¿Te has medido?

—Me medí hace un par de semanas o así y estaba igual... No tengo mucha facilidad para adelgazar, pero a ver si mañana me acuerdo y bajo a la farmacia y me peso. Y luego me mido.

—Sí, mídete y me cuentas. También háblame de la dureza de los músculos y de la piel/carne. ¿Has sudado?

—No puedo evitar partirme siempre que lo preguntas —escribo mientras me río a carcajadas.

—Lo sé.

—Sí, es que ahora sudo un montón hasta en resiliencia.

—Genial lo de sudar en resiliencia. Mañana haz

"Loto intenso".

El "Loto intenso" consiste en:
- *2 minutos: harapush.*
- *2 minutos: armadillo.*
- *2 minutos: brazos al frente apretando, con las manos en forma de cuenco.*
- *5 repeticiones del ejercicio con los brazos en cruz (el famoso del "aaaaaahhhhhh").*

- *2 minutos: harapush.*
- *2 minutos: armadillo.*
- *2 minutos: brazos al frente apretando, con las manos en forma de cuenco.*
- *5 repeticiones del ejercicio con los brazos hacia el cielo.*

—Acaba con la meditación de las manos en el corazón, en silencio, durante 10 minutos y luego pasas a la meditación sentada con la respiración 10/20 durante 20 minutos. ¿Se entiende? Sin cardio ni nada más.

—Vale, qué curiosidad.

—Recuerda: todo muy lento, a pulso, y máxima conexión, apretando todo. Es interno a lo bestia, como si tirases de huesos en lugar de músculos. Lo más interno posible. ¿Lo ves? Es una visualización.

—Sí, creo que sí te entiendo.

—Claro que sí. Y te mides después, una hora después.

3, 2, 1... Empiezan mis líos mentales que desembocan en conversación entre los hermanos Marx ("La parte contratante de la primera parte...").

—¿Solo después de eso?

—¿Cómo que solo?

—¿Aunque haya desayunado o lo que sea? Pensaba ir a pesarme, medirme y luego desayunar. Y entrenar cuando fuese. ¿Cómo quieres que lo haga?

—Una hora después de entrenar. Si te quieres pesar antes, OK, pero las medidas después.

—¿Aunque entrene por la tarde o cuando sea? ¿Y teniendo como referencia la última vez de hace tiempo?

—Eva, te pesas antes del desayuno y te mides una hora después de entrenar, que igual no me expliqué bien —y añade emoticonos de risas.

—O yo soy cortita —contesto sin parar de reírme.

—"Cabezonica".

—Añadido a, ¿cómo me llamaste? Curiosona o algo así… Todo halagos.

—Eso. Todo a la vez.

—¡Mi mente acaba de caer en que tengo que hacer dos minutos seguidos de armadillo! ¡No pienses, pequeña saltamontes!

—Mañana me cuentas…

Al día siguiente, según vuelvo de la farmacia, le escribo.

—He subido 400 gramos.

—El músculo pesa el doble que la grasa.

—Sabía yo que ibas a decirme que muy bien, que era buena señal, con tu dosis de positivismo habitual…

—Estás construyendo músculo. En el músculo se almacena la energía. El músculo se come la grasa de dentro hacia fuera.

—Luego te cuento cuando me mida. ¡Es que mi cuerpo no es muy agradecido para estas cosas! Voy a entrenar por la tarde.

La secuencia del loto intenso no me resulta muy

dura, a excepción de las dos veces que tengo que mantener el armadillo durante dos minutos. Eso sí me cuesta bastante y siento punzadas de dolor en los gemelos y cuádriceps, pero consigo aguantar el tiempo estipulado.

En la meditación de las manos en el corazón estoy menos concentrada que otras veces, porque siempre medito con mantras que amortiguan ruidos de vecinos, etc., y hoy en silencio es más difícil desconectar. En la meditación sentada también encuentro más complicado que otros días seguir el ritmo 10/20: tumbada me es más sencillo. Aún así siento una vibración bonita, muy alta, y Sahasrara (el chakra corona) activado. Luego me quedo muy calmada, como si despertara de un sueño profundo.

Pasa justo una hora, no menospreciemos la fiabilidad de mi mente alemana, y me mido.

Bastante gente me ha estado diciendo que me ve más delgada, así que me pongo un poco triste al ver que, según el metro, no he perdido más volumen. Yo noto mis piernas más duritas y torneadas, y el culo también más alto, firme y duro. Pero no sé: los datos son los datos.

Le mando los resultados a Curro, un poco decepcionada. Es cien por cien verdad que no hago esto por el aspecto físico, pero ya que sudo, me esfuerzo y canso, no hubiera estado mal bajar algún centímetro más como efecto secundario. También me siento como si hubiera fallado un poco al método, por no conseguir resultados asombrosos, y asoma algo de inseguridad por si no estoy haciendo los ejercicios del todo bien o podría esforzarme más.

Un poco en la línea de estos últimos pensamientos, decido grabarme haciendo sentadillas, para que Curro me confirme si la técnica es correcta. Me da un poco de corte pero mi afán de perfeccionismo es más fuerte.

—En la sentadilla profunda abre más las piernas y

baja más —contesta—. El truco está en abrir más las piernas. La espalda recta y, ayudándote de un palo, haz una parada a medio recorrido. La parada es importante porque tiras de riñón para soportarla. ¿Cómo te sientes? Se te ve apretada. ¿Te sientes dura? ¿Fuerte?

—Sí, me siento fuerte, la verdad. Dura, sobre todo las piernas. Lo de "apretada" me lo dijo el otro día una amiga, pero no sé si será así, ya ves que al medirme mido lo mismo… ¿O no tiene que ver?

—Estas apretada. ¿Estás contenta?

Resoplo y no sé qué decir.

—Me veo mejor y mentalmente mucho más fuerte también. Digo: "No voy a poder" y luego veo que sí —respondo, intentando desviar la conversación de la parte estética.

—Estás de puta madre.

—Gracias —pero no le creo demasiado.

—Eva, escucha. ¿Estás?

—Yes.

—Atenta, ¿vale? Mira ese video. Páralo. Obsérvate. ¿OK?

—¿Ahora?

—Cuando quieras, pero hazlo. Y mira, ¿vale?

—Vale, lo volveré a ver…

—Pero atenta. Y haz "pause".

—Pero, ¿dónde quieres que pare? ¿Donde sea?

—Tú sabes. Solo mira y siente. Observa y admírate. ¿Sabes por qué?

—No. Porque quieres que me quiera más, ¿o qué?

—Porque ahí empieza todo, justo ahí. Moldeas con la mente, o sea, cuando te lo crees. Cuando cambia tu mensaje interno y pasas de un: "Es que yo tengo un cuerpo complicado" a un: "Joder, que me pongo cañón". Entonces sucede el cambio. Por eso lo de mirar siempre algo que te guste cuando entrenes en el espejo y poner ahí toda tu atención. Son años de creencias, ¿entiendes?

—Sí, pero me cuesta mucho.

—Ya, pues no hay excusas. Me has mandado un vídeo, Eva. ¿Sabes por qué?

—Te lo he mandado muerta de vergüenza y lo he hecho para aprender, en serio, no para que me dijeras esto.

—No, eso es el "para qué". El "por qué" es para que te mirases y yo te meta el dedo en el ojo. Una pregunta: hace noventa días, ¿me lo habrías mandando? Dime.

—Yo que sé. Es que contigo me he rendido a mostrarme tal cual soy para poder evolucionar. Pero, si lo hubiera hecho, me habría visto peor. Eso sí.

—CONFIANZA, CREENCIA, AUTOESTIMA. Eva, tan solo mírate, ¿vale?

—Vale

—Y créetelo. Increíble vídeo.

Acabo viéndolo muchas veces, repitiendo el mantra. Porque cuesta echar abajo creencias fuertemente asentadas, pero OM training es mi bola de demolición particular y no va a quedar absolutamente nada de lo que me que hace daño.

LA VIDA

TALLERES DE REPARACIÓN (DE ALMAS)

Curro está en Ibiza dando una conferencia sobre OM training y mañana va a impartir un taller. Me ha resultado imposible ir y eso me tiene un poco contrariada.

—Espero que salga genial el taller (seguro que sí porque es éxito seguro). Estoy un poco triste de no poder estar ahí. Espero asistir a los siguientes...

—Estás aquí conmigo, Eva, te tengo muy presente. Ayer hablé de ti (sin nombre ni datos) en la conferencia que di. Estoy muy orgulloso de ti y feliz.

—¿Sí? Gracias por ese orgullo de profe. Te noto o me noto conectada, pero no es lo mismo. ¡Qué se le va a hacer! Habrá muchos más. ¿Qué dijiste de mí? No es ego, es curiosidad. A veces no sé qué ves. Creo que confías más en mí de lo que merezco. Me rompo en mil pedazos en un instante…

—Hablé de tu compromiso, de cómo aplicas OM training a tu vida, en las "conexiones al cabo del día", y cómo ese amor expansivo está cambiando tu entorno. Romperse en un instante es fácil. Recomponerse con consciencia y coraje es lo difícil. Y tú lo haces. A medida que sigas forjando tu poder interior, romperás menos. Cuando veas la película de fuera como una creación de tu mente, entonces la usarás para no involucrarte. No es fácil salirse de los patrones. Solo observa si ahora caes en ese patrón en menos ocasiones. Observa que cada vez es menor y, si llega, también abrázalo con compasión hacia ello y hacia ti. Y se desvanecerá.

—Gracias, guapo. Yo, para no darle muchas vueltas al coco por no estar vibrando en Ibiza, voy a ir a un taller de expresión corporal en Madrid, y así de paso sigo enfocándome en cosas que necesito trabajar. Espero no tener muchos nervios ni miedo, ya sabes que esas cosas me dan vergüenza y me cuestan un montón. Mañana nos contamos… Ten por seguro que, en la energía brutal que se creará hoy en Ibiza, habrá un pedacito de la mía. ¿Me mandas un abracito a distancia, por fi?

—Te estoy abrazando todo el rato. Cierra los ojos y respira.

El abrazo energético me reconforta bastante pero, aún así, el corazón se me queda un poquito encogido. A la mañana siguiente, le remito mi informe.

—El taller empezaba simplemente andando por la habitación y mirándote a los ojos con la gente con la que te cruzabas. Había que hacer eso hasta que nos avisaran y, entonces, empezaríamos a trabajar con otra persona en pareja. Me puse bastante nerviosa de pensar con quién me iba a tocar y me agobié. Me cuesta un montón trascender eso. Creo que me causa mucho rechazo que me impongan con quién relacionarme, porque en mi antigua religión, para diferentes actividades que había que hacer, decidían por ti con quién debías llevarlas a cabo. No sé si será por eso, por no haber podido elegir libremente lo que quiero muchos años o por qué… No quiero usar el pasado para excusarme, es que quiero entenderlo y ver qué es lo que pasa ahí. El caso es que intenté concienciarme, pero hubo un momento en que me repetía: "Me quiero ir, me quiero ir, me quiero ir". Luego se me pasó y estuve bien, me tocó con una chica que era muy maja. Pero, eso, me queda un montón de trabajo: no sé qué me asusta tanto. En fin, que esperaba que me fuera a costar menos. No fue perfecto. Salí un poco frustrada, pero tendré que seguir trabajándolo y ya está.

—Más allá de los juicios momentáneos por una actitud de miedo o inseguridad, está la valentía de ir, estar y sostener esa fuerza y esa creencia que salen de ti y que forman parte de tu estado de evolución. Todo cambio profundo requiere de amor y paciencia, trabajo y confianza. Orgullo por ese gran paso.

Las palabras de Curro me hacen pensar en que, efectivamente, tomé la decisión de ir, no me eché atrás y me quedé a pesar de las reticencias y el nerviosismo. A veces, hasta que no hace ese tipo análisis positivo de la situación, no soy capaz de ver por mí misma que hay motivos para sentirme orgullosa. Me siento muy agradecida de que me enseñe con paciencia a hacer ese cambio de percepción mental.

—Muchas gracias por ayudarme a verlo así. El taller bien, ¿no?

—Fue precioso.

—Jo, qué bien… Yo hoy voy a la conferencia y al taller de René Mey. Es todo el día, así que mañana te cuento, ¿vale?

—Disfrútalo mucho y abre tu corazón a la experiencia.

—Lo haré.

La conferencia y el taller me resultan muy interesantes. Me gustan algunos conceptos, como que el amor es harmonía y aceptar a cada uno como es. También habla de crear la realidad, con una visión muy cuántica, a través del vacío y la compasión entendida como acción. Otro tema que se trata es el de los viajes astrales o bilocalización. Por la noche, cuando estoy repasando la jornada, me vienen a la cabeza un par de recuerdos al respecto de esto último, así que por la mañana le hablo de todo ello a Curro.

Le cuento que tenía un amigo que vivía en Holanda y que fue el primero en hablarme de energía, de dones y de ese tipo de cosas unos diez años atrás. Le conocía del instituto y, a pesar de haber estado muchos años sin mantener contacto, nos reencontramos en redes sociales y conectamos de una manera muy especial. Hablábamos todos los días por videoconferencia tres o cuatro horas y la relación de amistad era muy, muy fuerte. Un día me contó que estaba muy preocupado porque a la mañana siguiente tenía una reunión con su jefe y de ello dependía su estancia en Holanda, cosa que deseaba con todas sus fuerzas por diferentes motivos, entre ellos amorosos. Le vi tan agobiado que le dije que al día siguiente estaría "con él", que no se preocupara, que le iba a mandar toda mi fuerza y mi energía, que no estaría solo, etc. Yo sabía a qué hora era la reunión, así que hice todo lo que le había prometido poniendo en ello toda mi atención, concentrada al máximo.

Cuando esa noche conectamos, me miraba de una manera extraña y sonreía. Le pregunté qué pasaba y contestó que en la reunión estaba nerviosísimo, que apenas podía hablar, y que entonces, de repente, me había materializado detrás de su jefe. Me dijo que podía verme claramente, como si estuviera en persona. Que simplemente me había quedado allí sonriendo unos minutos y que se había tranquilizado de inmediato y todo había salido muy bien. Yo no dudé de sus palabras, porque siempre he creído que la energía es algo muy poderoso, pero tampoco le di muchas vueltas.

El segundo recuerdo está ligado a Curro. No se lo conté en su momento por si creía que era una flipada o que me faltaba un tornillo, pero a estas alturas ya nos conocemos y sé que, por un lado, nunca me juzga y, por otro, nada de lo que le cuente ya puede asustarle o sorprenderle.

Ocurrió una noche, tres o cuatro días después de volver del Hara Festival. Me había hecho unas heridas en la clavícula y en el esternón y las tenía cubiertas con unas tiritas. Estaba durmiendo y, de repente, me despertó la sensación de unos dedos pasando con sumo cuidado por encima de las tiritas. Era como si alguien estuviera comprobando qué me pasaba. Sentir ese contacto me había despertado completamente pero, al contrario de lo que cabría esperar por lo miedosa que soy, no me asusté ni un poquito, porque inmediatamente tuve la absoluta certeza de que era Curro. No le vi ni le oí decir nada, pero sentía su presencia tan real como cuando habíamos estado juntos unos días atrás. Se comunicó conmigo de alguna forma sutil y me "dijo" que había venido a ver cómo era mi mundo y si estaba bien. Permaneció conmigo unos minutos más y luego se fue.

Curro me contesta que había querido compartir conmigo ese mensaje tan bonito de amor y acción de René y más cositas que me irían llegando, como lo que le había comentado hoy del desdoblamiento. Luego me hace una pregunta que me pone eufórica.

—¿Hacemos taller de OM training en Madrid dentro de un par de semanas?

Me manda el texto que ha preparado para anunciar

el evento y ¡me siento tan feliz!

Fuerza y reconocimiento interno.
Una mirada interior que trae el reconocimiento de nuestra esencia, el despertar de la fuerza innata y la intuición ancestral.
En el corazón hallaremos la energía renovadora del amor, interior y expansiva.
En la mente calmada encontraremos el entendimiento a los mensajes de la intuición.
Todo puede suceder en un instante. Una milésima de segundo, en ese vacío, es una eternidad.
OM Training
"Entrenas, luego meditas".

Esas dos semanas me siento en una nube. No paro de hablarle del taller a todo el mundo y contagio mi entusiasmo a algunos amigos y alumnas de yoga... Me hace mucha ilusión que vengan.

Curro me deja ayudarle con la gestión de las reservas y me encanta estar todo el día con la consciencia puesta en algo tan bonito. Algunas de las personas que llaman quieren que les explique qué es OM training. Yo hablo desde el corazón y el resultado es que se apuntan, así que parece que sí transmito mi fascinación por esta nueva forma de vida que he emprendido.

El taller es un éxito. Todo el mundo queda encantado y los amigos que han asistido por fin entienden por qué ando todo el día hablando de OM training sin parar.

También paso algunos ratillos con Curro. No nos veíamos en persona desde Luz del Sur y me dice que se me nota un montón el cambio a nivel físico.

Charlamos sobre la vida en general y sobre los

entrenamientos en particular. Hemos compartido tantas experiencias y sensaciones que me cuesta creer que es la tercera vez que nos vemos en persona. Yo aprovecho y le abrazo mucho, que eso es lo que más echo de menos cuando nos relacionamos por teléfono.

Le digo que voy a ser como una groupie que le siga allá por donde haga talleres. Y me parece la mejor idea que he tenido en mi vida. "Entrenas, luego meditas". "Luego eres feliz", añadiría yo...

BAILANDO BAJO LA LLUVIA

Han pasado tres días desde el taller de OM training en Madrid y todavía me dura "el subidón".

Cuando salgo del bar donde estoy desayunando para volver al trabajo, está lloviendo y no llevo paraguas. Es habitual en mí porque, en realidad, salvo que se trate de una gran tormenta, me gusta mojarme: me da la impresión de que la lluvia arrastra consigo cosas que no necesitamos. Además, siempre me ha parecido muy mágico que ahora esté sobre mi piel la misma agua que, hasta hace unos instantes, estaba a miles de metros de altura en el cielo, en una nube. Sonrío, echo la cabeza hacia atrás y, mientras mi corazón tararea una melodía, me pongo a bailar sin pensar en nada, agradeciendo este momento dulce de mi vida.

A lo largo del día llevo a cabo la práctica de parar y conectar varias veces. En el taller, Curro nos animó a todos los asistentes a que buscáramos un punto en nuestro cuerpo que nos sirviera de interruptor para transportarnos en cualquier circunstancia al estado en el que estábamos en ese momento, para recordar las sensaciones que compartíamos en ese instante. Dio diferentes posibilidades y yo dudé entre juntar las manos como había hecho hasta entonces o cambiar, decidiéndome finalmente por poner las manos sobre el corazón.

—Me he dado cuenta de que mi punto de anclaje está en mi tatuaje nuevo —le escribo esa tarde—. En el taller usé la mente: es traviesa haciéndonos dudar de nuestros instintos. En realidad, cuando no pienso, pongo la palma de la mano izquierda sobre el enso, sobre el confío, y siento mi pulso indicándome que estoy viva. Y todo deja de girar, hasta el mundo...

—Maravillosa la integración.

—¿Puede ser, entonces? Quiero decir: ¿es necesario que el interruptor esté en una gran ciudad (corazón, Ajna, Hara) o puede estar en un pueblecito del extrarradio?

—Puede estar en la punta de la nariz, si eso tiene sentido para ti.

Este hombre... Imagino la escena y me resulta bastante cómica.

Comparto con él una publicación que hecho en las redes sociales a propósito de las sensaciones de esta mañana. He escrito: "Hoy he bailado bajo la lluvia. Sí, bailado, literalmente, bajo la lluvia. Y sonreía...".

—Qué bonito.

—Pues así ha sido.

El graciosillo de mi maestro me manda el enlace de la famosa canción "Singing in the rain" de Gene Kelly.

—¿De dónde nace ese amor que te hace bailar y cantar bajo la lluvia?

Buenoooo. Eso por relajarme... ¡Examen sorpresa!

Aquí es donde se dio esa conversación que ya reproduje en parte, sobre demostrar la felicidad con las cosas sencillas, jugando, como un niño. Fue cuando me dijo que no tuviera miedo a ser feliz, porque ser infeliz da más miedo, y que disfrutara tanto de la felicidad que, cuando llegara la "infelicidad", pudiera agarrarme fuerte a ella.

Hablamos de todo eso, pero no olvidó su pregunta inicial. Pasa siempre: aunque parece que le he dado esquinazo y he podido eludir sus indagaciones, nunca se despista. Así que insiste y yo en el salón de mi casa me muerdo el labio, nerviosa.

—¿De dónde viene esa felicidad, Eva? Se expresa a través del amor. ¿De dónde viene ese amor?

—Es una pregunta muy difícil. No sé... Viene de dentro e invade todo.

—Esa es la ubicación. Bien, ahora, ¿qué lo acciona? Cierras los ojos y lo abrazas. Entonces, ¿qué abrazas?

—Trato de analizarlo sin intentar responder lo correcto. Supongo que debería decir a mí, pero la respuesta creo que es mi presente.

—Bravo, a Eva y todo lo que genera. O sea, esa realidad que genera desde esa frecuencia y la mente que lo abraza desde la paz interna. La integración desde ahí. En ese punto se transforma el pensamiento y se cambian patrones. Solo ánclalo y recuérdalo. Bravo, Eva, ese reconocimiento en ti.

—Me has acojonado mucho con este examen sorpresa, ¿sabes?

—Sí, he sentido tu corazón salirse de órbita. Los juicios de la mente. Sirva este ejercicio para aumentar la confianza en la intuición, en la respuesta espontanea, donde el corazón habla sin mente. ¿Entiendes?

—Sí —contesto recuperando poco a poco la calma.

—Bravo, pequeña saltamontes.

—Es que a veces me impones... Me da miedo decepcionarte.

—No hay juicio en mí. Máxima compasión, querida amiga. Deberías ver las burradas que yo dije y digo a mis maestros. Somos lo mismo, todos. Solo la humildad y la compasión hacen que seamos más sabios. Me siento muy feliz de saberte y sentirte feliz y orgullosa de ti, con amor interno y esa gran sabiduría interna.

—Me miras con buenos ojos. Pero sí, me doy cuenta de que voy dando pasitos. Pequeñas cosas, pero que me hacen sentir bien.

—Solo digo lo que veo.

—Gracias, guapo.

—Irradias mucha felicidad y amor. Tus ojitos ya no muestran miedo. Se ve curiosidad y ganas de vida, mucho amor y dulzura.

—Qué bonito —contesto emocionada de que me haya percibido así en su visita.

—Un gran camino por delante.

Y yo intentaré disfrutar de él llueva o haga sol.

OMTRAINING.NET

Pincho el enlace que me acaba de mandar Curro y descubro la web de OM training.

Lo primero que veo son diferentes fotos con el texto: "Consigue estados de meditación profundos, abre tu corazón y conecta con tu intuición… mientras fortaleces tu cuerpo". Luego se explica qué es OM training, se hace un recorrido por la biografía de Curro, se desarrollan los pilares en los que se basa el método y se habla de los beneficios que se obtienen. Luego están las experiencias, donde veo mi foto y el testimonial que le hice llegar en su momento. Me siento emocionadísima de formar parte de algo tan bonito.

—¡Ay, qué feliz estoy por ti! ¡Me encanta! La web ha quedado preciosa.

—¿A que sí? La ha hecho mi amiga Carolina Gambin. ¡La verdad es que no puedo estar más agradecido! Ha tomado toda la información, textos y mis conversaciones y ha creado esta maravilla.

—Pues es una pasada. Qué bonita la web y qué increíble es OM training. Mira que he dicho cosas al respecto pero todo se queda corto. ¡Menos mal que me sientes! Qué "suerte" conocerte a ti y a tu maravilloso proyecto. Ahora mismo noto esa vibración preciosa. ¡Enhorabuena!

—Bonica eres —responde este Yoda murciano—. Gracias por tanto.

—¡Gracias a ti! Además, me he dado cuenta de una cosa preciosa que te quiero agradecer especialmente. Me dijiste que te mandara el testimonial y que, si yo quería, aparecería mi nombre y la ocupación. Y te dije: "Funcionaria y profesora de yoga". Y tú has puesto: "Escritora y profesora de yoga". De "escritora" no te dije nada y no has puesto "funcionaria", que es algo que no me siento. Para mí ha sido un regalo precioso.

—Es que lo es, así de sutil y simple. Me alegra que te haya llegado. Así lo sentí, te sentí… Gracias por tu sensibilidad.

—¡Estoy a punto de llorar! Hay tantas cosas detrás de cada pequeño pliegue... No te sé explicar. Interactuar contigo es emocionarse a cada rato, descubrir tantas cosas… Y cada día quererte más. ¡No sé cuándo parará esto!

—Qué bonita eres. Solo soy la proyección de tu mente maestra. O sea que, cuanto más sientes, más me quieres, más descubres…, todo eso es la proyección de ti misma. Y es la magia de esta relación. Yo solo puedo agradecerte la confianza y la posición en la que me has puesto.

—Me da igual lo que seas, si eres una proyección o no... Sé que estoy viviendo un momento feliz y con eso me basta. Y que, como me dijiste cuando estuviste en Madrid, si sigues por aquí es porque mi vibración también te gusta y te aporta, así que todo está bien.

—Es maravilloso, así es. Ser una proyección de tu mente maestra significa que, lo que ves en mi, son tus propios dones; que, el amor que sientes, es el amor que sientes por ti... Es necesario ver y aprender, crecer, amar fuera, para vernos a nosotros mismos y reconocernos a nosotros mismos. Por supuesto soy de carne y hueso, ¿eh? No una proyección.

Me alegra que lo aclare porque, por un momento, temo haberme vuelto loca y estar todo el día interactuando con una holografía o algo así.

—En serio, mírate a ti en mí. ¿Entiendes?

—No del todo, la verdad.

—Bueno, poco a poco. Es muy bonita esta proyección y tu conexión. Te voy a dejar que estoy sopa.

Me da la risa, porque resulta que los gurús también se mueren de sueño.

SI NO TE APETECE ENTRENAR...

—¿Cómo estás entrenando estos días? —me pregunta Curro.

—Los últimos días más bien entrenamientos de 30 minutos míos, aunque esta tarde he hecho el de 45 tuyo. Hoy me quedaba un poco sin fondo en cada sprint, no sé por qué, pero por lo demás bien. Eso sí, en la meditación de las manos en el corazón, la vibración era muy bonita.

—Está denso el ambiente. Eso afecta al sprint... Genial lo de la meditación y la vibración.

—¿Sí? ¿Te refieres a denso energéticamente?

—Sí.

—Pues es que digo: "¿Qué me pasa?". Lo he hecho, pero me costaba.

—¡Fuerza a tope! Yo he luchado mucho hoy para entrenar. Mi mente me sacaba de mi centro. Me decía: "Vete, descansa, te lo mereces".

—¿Sí? Jopé.

—Pero, ¿sabes qué he hecho?

—Entrenar más duro.

—Sí, paliza. Sudar y exprimir el cerebro.

—Pues eso he pensado yo: "Hoy 45 minutos, nada de acomodarse".

Me reconforta saber que a mi maestro también le cuesta entrenar a veces; que mi mente no es la única que intenta desanimarme de vez en cuando; que hay circunstancias externas que afectan, aunque yo en ese momento no sepa cuáles; y me siento muy acompañada en todo este proceso por alguien que, de verdad, comprende lo duro que es cumplir con mi compromiso algunos días…

Así que el resumen es: me siento afortunada y feliz hasta en los días complicados. Y ahí reside la magia de todo esto…

WU WEI

Hace unos días, Curro me propuso un nuevo ejercicio que podía incluir en mi rutina diaria. Se trata de, por la noche, cuando ya esté en la cama, repasar todo lo que he hecho en el día buscando algo positivo en cada situación vivida, incluso en las que a priori podrían parecer negativas. Resulta que he comprobado que es algo totalmente factible, a pesar de que se haya dado alguna circunstancia bastante puñetera. Me siento muy feliz con esta nueva herramienta, que se une a todas las que ya tenía.

Ir al espejo por las mañanas, que tanto me costaba, se ha convertido en uno de mis momentos preferidos del día. Desde que Curro me propuso que introdujera el mala para no despistarme, todo ha ido mucho mejor. Ahora, justo antes de irme a trabajar, me siento en un zafú frente al espejo donde entreno por las tardes y me miro. Nada más verme siempre sonrío, pero no forzándolo, me sale solo, como si de repente me encontrara a una amiga. Voy repitiendo mi mantra y siguen surgiendo sonrisas espontáneas cada pocos segundos. Además es cuando más guapa me veo: a menudo al acabar cojo el móvil y me hago una foto (yo, que siempre he odiado hacerme fotos). No sé si es que es un momento en que la mente crítica tiene demasiado sueño o qué, pero disfruto de esos minutos en que me fijo en partes de mi cuerpo ¡y me parecen muy bonitas!, y veo en mí una dulzura y una luz que me sorprenden.

Quiero compartir todo esto con Curro.

—Me encanta hacer el mala por las mañanas en el espejo y ahora, lo último que me dijiste de repasar el día antes de dormir buscando algo positivo en todo, ¡me flipa! Así empiezo y termino el día haciendo cosas bonitas. Eso, unido a planear cuándo y cómo entrenaré y los momentos de conexión a lo largo del día… Es como estar todo el día trabajando mi evolución. Me gusta muchísimo —le cuento entusiasmada—. Algo que está cambiando en mí es el tema del agradecimiento. Por ejemplo me ha sorprendido ducharme por la mañana para ir a trabajar y pensar: "Gracias porque tengo agua calentita para empezar el día, bueno, tengo agua, que muchas personas no pueden ni ducharse". O hacer la compra al salir del trabajo, ir cargada con bolsas que pesaban un montón y solo pensar: "Gracias porque tengo dinero para comprar comida y, encima, puedo comprar las cosas que me gustan". No era yo de las personas que iban agradeciendo las cosas… Gracias.

—Es increíble el compromiso personal y la consciencia que estás generando, Eva. Es pura inspiración. Entiendo que tal vez no lo veas, pero en serio que lo es.

—No sé, tampoco le doy tanta importancia, pero lo veo y digo: "Fíjate tú". Yo solo te digo lo que me va pasando, me gusta compartirlo contigo…

—Escucha lo que te digo y deja que resuene en ti, solo eso. Escribe un diario y deja que fermente, que quede ahí. Estoy muy orgulloso de ti.

—Ay que me emocionas... Ya sé que siempre dices que soy yo y blablablá, pero muchas gracias, de corazón,

por inspirarme, guiarme, ser mi amigo y confiar en mí...
GRACIAS.

—Gracias a ti por confiar y por tu capacidad de compromiso. Pero, haz ese diario.

Obviamente, al día siguiente compré una libreta preciosa, negra con unas plantas doradas y el mensaje: "The notebook of reinvention", que me pareció de lo más apropiada. Como todo lo que me recomienda Curro, escribir algunas reflexiones se ha convertido también en una rutina deliciosa. Lo llamo "diario energético" porque no narro todos los sucesos de la jornada, a veces solo es una frase que me viene meditando o sensaciones del entrenamiento. Cosas que, de una forma u otra, tienen que ver con OM training, dentro o fuera de la esterilla.

—¿Vas a hacer algún taller el mes que viene?

—No estoy proyectado al mes que viene. Solo observo cómo va saliendo todo. Wu Wey.

Habló un poco del Wu Wei en el taller de Madrid, pero no conozco mucho el concepto.

—Inacción, dijiste que era, ¿no?

—Wu Wei, sorry.

—Lo otro era en mexicano.

—Total —contesta acompañándolo con emoticonos de risas—. Susto en mexicano.

Me manda un enlace de internet donde se explica qué es Wu Wei. Significa "no acción" y es un importante aspecto de la filosofía taoísta. También significa "sin esfuerzo" y "crecimiento". Las plantas crecen por Wu Wei, es decir, no hacen esfuerzos para crecer, simplemente lo hacen. También se asocia a menudo con el agua. Aunque el agua es blanda y aparentemente débil, tiene la capacidad de erosionar lentamente la roca sólida. Además puede tomar cualquier forma y fluir hasta cualquier sitio. El Wu Wei es una forma natural de hacer las cosas, porque el universo ya funciona armoniosamente de acuerdo con sus principios y, cuando el ser humano enfrenta su voluntad contra el mundo, altera la armonía que ya existe. Es el "dejar estar" o "dejar fluir", la aceptación del mundo por medio de la aceptación de sus reglas naturales, que no deben tratar de ser cambiadas para alcanzar mayor bienestar, ya que obtendremos justo lo contrario: incomprensión y sufrimiento. Se representa con un círculo y veo ¡un enso! No sabía que el enso simbolizaba Wu Wei. Me pongo muy contenta de llevar sobre mi piel algo que me recuerde esta filosofía, porque es algo que necesito trabajar muchísimo.

—¡Qué guay! Pues reflejas muy bien el Wu Wei. ¡Anda que no me quedan cosas por aprender y aplicar!

Pero no me agobio ni me siento pequeña ante la inmensidad de conocimiento y práctica que me falta. Me siento absolutamente feliz de estar descubriendo tantas cosas bonitas y una manera tan increíble de vivir la vida. Ya lo decía Bruce Lee, ¿no? "Be water, my friend".

TRAZANDO UN ENSO

Un día, en mitad de una de nuestras conversaciones, Curro me manda una foto de un taller que se llama: "Enso sobre pan de oro".

—Me acaba de llegar este taller mientras hablamos: trazar un enso. Lo hace una muy buena amiga, Nanú. Si puedes, hazlo. Es maravillosa y su trabajo es exquisito. Es una gran sabia y te gustará conocerla y charlar con ella.

—Me encanta la idea. Ahora la escribo.

—¡Buah! Qué ilusión que puedas hacerlo, Eva. Te va a encantar.

Sin perder tiempo, escribo a Nanú.

—Buenas noches. Soy Eva, una amiga de Curro. Me acaba de mandar la información del taller y estoy interesada. ¿Hay plazas aún?

—Hola, cuento contigo. Será un placer conocer a una amiga de Curro.

—¡Igualmente! Estábamos hablando y justo le ha llegado la información. Estas cosas no hay que dejarlas pasar... ¿Tengo que llevar algo o ir vestida de alguna manera?

—Trae ropa que no te importe si le cae tinta.

Esa frase me fascina.

—Pues con muchísimas ganas de compartir un ratito, de verdad.

—Será un placer, de corazón.

Estoy entusiasmada. Vuelvo al chat con Curro.

—Confirmado: voy a pintar un enso.

—¡Qué ilusión!

— Y a mí. Qué "causalidad"...

—Nanú te pedirá que meditéis previamente. Pídele permiso para que, antes de iniciar el taller, te deje hacer el loto, solo el loto. Ella lo va a entender. Si quieres, claro.

—Siempre te hago caso. ¿Aún no lo sabes?

—Sí, pero te doy opciones a que digas que no. Aunque, si lo haces, será genial.

Nanú resulta ser un amor y una mujer increíble. Su estudio es precioso, lleno de dibujos, pinceles, frascos, diferentes tipos de papel y un olor a tinta que, no sé por qué, me hace sentir en casa. Me quedaría a vivir en ese taller en el que parece que todo está bien, que no pasa nada si te manchas las manos o la mesa, en el que te pide que no pienses y que sueltes el control, que sientas...

Meditamos, hacemos ejercicios, escribimos con la mano derecha y con la izquierda palabras que nosotros mismos proponemos, dibujamos a Nanú (que posa divertida) y trazamos un enso tras otro, probando diferentes texturas de papel, brochas y estados mentales.

Trazar un enso es una práctica de meditación ligada al Budismo Zen. Se dibuja de un solo trazo, sin detenerse y sin poder realizar ninguna corrección, capturando la perfección del presente y el estado espiritual del momento. Los monjes sostienen un pincel lleno de tinta negra y en un estado de no-mente, trazan el enso, dejando su alma o esencia impregnada en el papel.

El enso tiene un magnetismo y un poder que me

fascinan. Cuando me hice el tatuaje Curro me dijo que, al mirar un enso, se quedaba como hipnotizado. Y le entiendo perfectamente: cada vez me cuesta más apartar la vista de ellos. Y todo esto simplemente por el trazo, independientemente de la belleza de su significado y lo que representa: la iluminación, el universo, el vacío de la mente, la calma, el Wu Wei, la plenitud de lo simple...

Toda esa tarde Nanú pone el énfasis en que suelte el control y yo, permaneciendo en la racionalidad, voy juzgando cada enso, resultándome más bonitos los que son asimétricos y un poco "salvajes", con la brocha más seca y aplastada, sin un trazo tan compacto, y claramente abiertos.

Cuando llega el momento cumbre de hacer el enso en pan de oro, intento soltar (pero desde el control, porque aún no soy capaz de soltar casi nunca) y el trazo resulta simétrico, compacto y prácticamente cerrado. Me quedo de piedra.

Intento no dramatizar y me digo que tengo todos los de prueba que me gustaron más y que puedo enmarcar uno de esos, pero estoy un poco decepcionada de no haber plasmado el enso que tenía idealizado en mi cabeza cuadriculada.

Al acabar el taller, le pregunto a Nanú si me puedo quedar un rato con ella. El sitio y su compañía me hacen feliz y quiero prolongarlo un poco más. Recogemos, tomamos un té, hablamos de Curro, de OM training, de la vida... Y resulta una tarde muy agradable.

Cuando voy a pagar, me dice:

—Es que usted está invitada, señorita. Cualquier cosa, hable usted con el caballero.

Me emociono un montón porque me parece un regalo sorpresa precioso de parte de Curro y valoro muchísimo todo el proceso, desde el momento de mandarme el taller, ponerme en contacto con una persona como Nanú, hablar con ella diciéndole que no me cobre... Me siento muy querida y cuidada.

En cuanto me despido de Nanú, prometiendo volver pronto, le escribo.

—Hola, guapo. Estoy saliendo ahora del taller porque me he quedado un rato charlando con Nanú y tomando un té. Muchas gracias por el regalito. ¡No me lo esperaba para nada! ¡Cómo eres! Me ha encantado.

—¿Te ha gustado?

—Mucho. Hoy ha sido un día un poco durillo —digo sin entrar en detalles, pero he estado un poco tristona hasta llegar al taller— y me ha devuelto la paz. Me he gustado mucho, mucho.

—Qué bien, Eva. ¿Quedó bonito tu enso?

—Luego te envío fotos que voy en el metro. Pues quedaron más bonitos los que eran de prueba, donde me dejaba llevar, algunos los hice con los ojos cerrados... El de pan de oro es la máxima expresión de que me cuesta soltar y no controlar. Pero será un bonito recuerdo de eso.

Al llegar a casa me pongo a mirar cada uno de los enso que he hecho y elijo el que más me gusta en papel de arroz. Le hago fotos y lo miro, satisfecha. Cojo el de pan de oro y sigue sin convencerme demasiado, pero también le hago fotos para mandárselas a Curro. No sé por qué saco alguna más de cerca, de la parte en que los extremos del enso casi se tocan, y tampoco sé por qué no la hago en la posición normal, con el cierre hacia abajo, sino que la tomo de lado.

Miro la foto y el corazón me da un vuelco. Se ve claramente el cuerpo de una chica, con la cabeza agachada. Se distingue la nariz y hasta el pelo. El otro extremo del enso parece una poderosa energía que entra, en forma de flecha, por la cabeza de la chica.

Me quedo sobrecogida por la imagen.

Al día siguiente, cómo no, contacto con mi maestro y le hago llegar las imágenes.

—Ayer llegué a las doce a casa y ya no quise molestarte. El blanco me encanta, pero el dorado, que al principio me pareció muy serio, controlado y simétrico, ¡escondía un secreto! ¿No te parece la figura de una samurái rindiéndose a algo superior? Me está flipando también. Quizá tengo que tener un poco de paciencia hasta que las cosas se me muestren, o a lo mejor voy "rindiéndome" pero a mi ritmo y sin estridencias porque así lo necesito… Muchas gracias por regalarme el taller, por el hecho en sí y por la sorpresa. Siempre lo recordaré.

—Pues sí se ve la postración en ello... Son preciosos ambos.

—Sí.

—Me alegra que te haya gustado y enriquecido la experiencia.

—Sí, mucho. ¡Gracias! Por cierto, hice el loto antes de empezar.

—¿Y qué tal te sentó/preparó?

—Bien. Aunque me puse en un sitio discreto, me daba un poco de vergüenza. Pero dije: "¿Qué más da?" y eso, para mí, ya supuso trabajar algo. Cuando solté esas reticencias, me concentré y me sentí muy centrada, como enfocándome en una práctica profunda. En cuanto empecé con el harapush, me entró mucho calor y, en el armadillo, noté la energía subiendo a la nuca. Me sentí muy bien, más fuerte y conectada. Ya en el taller, antes de hacer el último enso, paré y conecté ahí mismo, e hice el trazo. Fue un momento que me encantó, fue muy guay. Como imagino el ritual de ponerse un kimono o algo así…

—Así es. Total.

—¡Cuanto más lo miro más me gusta!

—Cuanto más lo mires más te reconocerás en ello.

Estoy pletórica y también escribo a Nanú, contándole lo que he descubierto y mandándole las pruebas gráficas.

—Soltar para darse cuenta. Ahí está. Fue un placer descubrir juntas. Ten un bonito día —contesta esta fascinante mujer.

Al final, acabo enmarcando los dos que más me gustaron. El que es negro sobre papel blanco, más desinhibido y natural, al menos aparentemente, está en mi habitación y suele ser lo primero que veo cuando abro los ojos. El de pan de oro preside el salón y su color dorado refulge hasta cuando hay muy poca luz. Parece que me saluda cuando llego a casa y me transmite, con toda la sutileza de su secreto, calma y paz.

Hay días en los que amo todas las "Eva" que habitan en mí.

SE ME HABÍA OLVIDADO LO QUE HABÍA APRENDIDO

Hoy Curro me propone que redacte de forma sencilla todo lo que aprendí en el programa "22 días non stop". Ha transcurrido bastante tiempo desde que terminé esa etapa y le parece una buena forma de que sea consciente de mi evolución y de afianzar progresos. Quiere que me traslade mentalmente a ese momento y lo redacte como si estuviera sucediendo ahora, para luego poder trabajar con esas sensaciones.

Me pongo a ello haciendo memoria e intentando recopilar datos y, tras dedicarle bastantes horas para que sea exacto y bonito, esto es lo que le mando:

"Al entrenar, la parte física me deja una potente sensación de fuerza y concentración (fortaleza física y mental: ya son 22 días non stop). Además, constato que el eslogan de OM training, 'Entrenas, luego meditas', se cumple en todos y cada uno de los bloques, incluidos cardio y resiliencia: los 45 minutos son una meditación.

Me siento todo el día con la conciencia testigo muy activa y me es más fácil escuchar a mi intuición. Esto se complementa genial con el Reiki. Cada vez más a menudo, cuando doy una sesión, me llega a la perfección lo que me quiere decir la persona antes de que ella le ponga palabras.

Cuando, en las diferentes parcelas de mi vida, se ven afectados mis sentimientos, identifico con mayor claridad y rapidez qué se esconde detrás. No significa que ya lo sepa gestionar bien, pero sé qué está pasando dentro de mí, la maquinaria que está girando, y distingo más fácilmente las 'trampas' de mi mente (y a veces, incluso, consigo esquivarlas).

A lo largo de estos días, he celebrado mi compromiso y mi entrega. He saboreado mis logros y he aprendido a abrazar mis derrotas.

Hay un montón de palabras preciosas que han formado parte de mis mantras y que no se encontraban entre mis emociones: fuerza, raíz, orgullo, confianza… Ahora las reconozco y sonrío al ver que se van instalando para quedarse. El agradecimiento ha extendido su poder al pasado y se ha manifestado con todo su esplendor en el presente. Incluso el amor ha adquirido matices y dimensiones que me sobrecogen: amor interno y amor expansivo, creciendo en mi pecho y queriendo explorar el universo entero.

Sigue mi revolución interior, una revolución calmada y consciente, que es como la necesito. A veces me impaciento y quiero que todo vaya más rápido, pero sé que en realidad va como tiene que ir, a su ritmo perfecto".

Lo leo y releo, me siento muy satisfecha y se lo mando. Su respuesta me sorprende.

—Guapa, leído. Es precioso, pero echo de menos una mirada al pasado, donde se vean las diferencias entre la Eva de antes de los 22 días y la de después… También aprendizajes más relevantes y cómo ha cambiado a mejor su vida, en la manera de relacionarse con ella misma y con las personas de su entorno...

Me siento muy contrariada. Creía que estaba perfecto.

—Bueno, le daré una vuelta... De todas maneras, es que el aprendizaje lo siento mucho más en todo lo que ha sucedido después que en esos 22 días... ¿Me sabes dar ejemplos? ¿En qué te parce que cambié en esos 22 días?

—Eso lo tienes que sentir tú. Si no lo sientes, repetimos el ejercicio más adelante.

—No sé, he escrito lo que he sentido. Para mí los 22 días sirvieron para conocer las herramientas y fueron una preparación para lo que vendría después. Haré un repaso y lo miro, pero tampoco lo quiero forzar... Los aprendizajes y cómo me ha cambiado la vida creo que se veían resumidos con las palabras de los mantras y demás pero, si no te llega, le echaré un vistazo.

—No lo fuerces, no. Simplemente deja que pase algo de tiempo y siéntelo... Si ha de ser, será. Pero tranquila. Imagina que hubieras acabado tu entrenamiento con esos 22 días. ¿Qué cambio habría significado para ti? Creo que esa es la reflexión. Si te llega, lo planteas. ¿Lo ves?

No quiero que se sienta mal, al fin y al cabo él es el maestro: "manda" y sabe más (y me lo está diciendo todo con el máximo cariño), así que intento que no note que estoy un poco frustrada y también un poco enfadada, no tanto con él como conmigo, por no haberlo hecho bien, a pesar del esfuerzo y del tiempo dedicados.

—Tú tranquilo, dime siempre lo que piensas, "no problem"... Es que he estado gran parte del día con ello y, realmente, me encantaba y me parecía que transmitía todo lo aprendido. Le doy una vuelta mañana cuando esté fresca.

Es que es difícil marcar las fronteras. Por ejemplo, la fortaleza la viví con las resiliencias largas, pero entiendo lo que quieres decir. Mañana medito un rato e intento conectar con el trabajo hasta ahí...

—Genial.

—Me ayudaría tu visión desde fuera, de lo que tú percibiste, la verdad. Como base, aunque sea para conectar.

—Es tan solo a qué punto llegaste hasta ese momento... Yo no te puedo decir lo que yo siento, ha de ser lo que ciertamente haya sido.

Nada, que no suelta prenda. Me desespero un poco.

—Bueno no sé, estoy obtusa ahora. Mañana lo vuelvo a intentar.

—No le des más vueltas, es solo un punto de vista. Mañana lo verás claro. Espero estar sabiendo transmitirte dónde quiero llegar.

—Seguro que mañana conecto mejor, hoy estoy muy cansada. Entre el trabajo, entrenar, esto…

—Lo imagino y siento ponerte algún apunte... Pero será bueno para ti.

—Vale, tranquilo. Lo intento. Tienes razón. Hoy es de esos días en los que me gustaría que vivieras cerca. Ahora mismo necesito un abrazo, recargarme, no sé…

—Siento la frustración al tener que dar un repaso al trabajo hecho, que ha generado cansancio. Pero verás cómo mañana te surgen las ideas con claridad y de forma muy fluida. Los conceptos vendrán solos, ya verás, porque esa información está en ti.

No hace ninguna referencia a lo del abrazo y eso, ahora que estoy confusa y perdida, me hace sentirme un poco triste y sola. Pero no insisto.

—Vale, pues tranquilo que trabajo en ello.

—¡Gracias!

Mañana es sábado, así que tendré mucho tiempo para rehacer lo escrito. Eso me digo. Lo que en realidad ocurre se lo cuento a Curro a las dos de la tarde del día siguiente.

—Bien, he pasado una noche horrorosa. No podía dormir, me he levantado a las 5 y he escrito hasta las 7,30. He vuelto a la cama y he tenido un montón de pesadillas absurdas, todas relacionadas con la inseguridad. Me he vuelto a levantar enfadada diciendo que el ejercicio estaba perfecto y he dudado de ti (y van dos veces), pensando que te habías vuelto demasiado exigente. Me he puesto a llorar y a temblar escribiendo, y al final tenías razón y creo que ahora sí ha quedado reflejado todo lo que viví. Como una cabra (yo). Bueno, y tú un poco también. Te lo he mandado por mail. Namasté.

Lo que le envié ese día es lo que luego ha quedado reflejado en el capítulo 22 de este libro.

Media hora más tarde, Curro contesta.

—¿Cómo te sientes una vez has reescrito el ejercicio y ves el resultado?

—¿Tú lo has leído?

—Dime, Eva. ¿Cómo te sientes?

Ya estamos… Muevo la cabeza, suspiro y sonrío, aunque él no lo vea.

—Agradecida de que me hayas llevado ahí —reconozco—. Porque he tomado consciencia de todo lo que logré esos 22 días (lo había olvidado).

—Justo, Eva. Eso es lo que pasaba. Cuando entramos en la dinámica, olvidamos los logros. Y justo eso era lo que sentí, un paso de puntillas. Y lo que tú has vivido es lo que ha de estar integrado en esas semillas. Tenías que hacerlo, y hacerlo tú. Sí, lo he leído y es absolutamente INCREÍBLE, Eva. Justo lo que tenía que ser.

—Lo había olvidado y creo que también me da vergüenza reconocer los avances y me asusto también. No sé de qué, pero me entra el miedo...

—Recuerda lo que hablamos el otro día sobre "la modestia", el no merecer —dice aludiendo a una de nuestras conversaciones, en la que me recordaba que debía sentirme orgullosa de mis progresos—. Así que mira siempre desde la justicia. Y cuando tu corazón vibra a tu garganta las palabras desde el amor puro, entonces Eva, la justicia se torna solo en una. Lo contrario es ponerse detrás del telón. Y ya es el momento, Eva, de que te mires orgullosa y salgas a escena con todo el amor y el reconocimiento a este gran trabajo de consciencia que has hecho, que estás haciendo. Y recuerda siempre, siempre, que lo que haces es de la estirpe de una guerrera. No es fácil el honor y el compromiso que pones. Y, cuando me mires y veas el compromiso que te mueve a estar ahí, justo en ese lugar donde me pones a mí, justo ahí, Eva, te pones a ti misma. Esta es la visión exterior de la mente maestra. Tú me has traído a ti y lo que ves es lo que eres, pero siempre es necesaria esa imagen externa. Y yo solo puedo estarte AGRADECIDO. Gran trabajo este ejercicio, Eva, y ha sido como un parto sin epidural. ¿Lo ves? Mira profundo y ve cómo has parido a una nueva Eva.

—No sé, tengo que reposar un poco todo, estoy muy revuelta... Pero voy viendo cada vez más a la guerrera, eso sí....

—OK. Deja que se exprese, solo eso. No pidas respuestas ya, solo siéntete orgullosa del trabajo que has hecho y de reconocer en ti todo lo que has aprendido. Si puedes haz un plan, sal da casa y cambia de registro. Cuando quites la mente sobre esto, se abrirá el corazón y, en un instante, ya sabes, justo en ese instante, todo cambia.

Solo dale espacio.

—Vale —acierto únicamente a decir.

—¿Sabes? Me siento muy orgulloso de ti. Eres un ejemplo y siempre aprendo contigo. Gracias. Disfruta tu día.

—Gracias a ti. Por todo. Siempre.

Por la noche me envía un audio interesándose por mí, preguntando si estoy bien, y yo le contesto con otro que sí, que no se preocupe, que estoy mejor. Que he ido al parque y he conectado con la naturaleza y que estoy orgullosa de todo lo que leo en ese ejercicio y de cumplir con lo que tenga que hacer sin importar las consecuencias.

Cuando miro la pantalla a ver si lo ha recibido, veo que la duración es 3:33, igual que el de aquel audio de hace algunos meses, tras el cual me dijo que iba a diseñar un entrenamiento para que lo hiciera en casa todos los días y añadió: "Recuerda quién eres ahora, solo recuerda eso. El pasado es pasado y ha sido el vehículo para traerte aquí".

Y me parece que no puede ser casualidad que los números se alíen con mi maestro para que nunca vuelva a olvidar.

MI PRIMER KOAN

Curro y yo estamos bromeando sobre si me va a enseñar pronto nuevos ejercicios para entrenar.

—Trabaja la paciencia. Si eres buena, te los enseñaré.

—Yo siempre soy buena —contesto con un emoticono que saca la lengua.

—Así te ves, y eso es lo importante.

—¿Que siempre me veo buena? —objeto—. ¡Qué va!

—Eso dices.

—Era broma…

—¿Qué hay en tu corazón?

—Ya empezamos a ponerme nerviosa con preguntitas… Hay de todo: luz y sombra, como todo el mundo.

—Eso es una etiqueta, un juicio. ¿Qué hay?

—Hay amor, si me preguntas solo en el corazón... Pero en la cabeza hay miedos, tristeza, ira, impaciencia… Muchas cosas.

—Corazón.

—Amor.

—Eso. Y, ¿desde dónde actúa el corazón de Eva?

Dime.

—No te entiendo.

—¿Qué hay en tu corazón? ¿Qué energía mueve tu corazón? ¿Desde qué energía actúa el corazón de Eva?

—Me mueve lo que amo…

—Desde el amor, ¿cierto?

—Sí.

—¿Cuál es el músculo principal del cuerpo, generador de vida y realidad?

Le mando un emoticono de un corazón, pero no le debe valer porque vuelve a preguntar.

—¿Cuál?

—El corazón.

—Entonces, ¿Eva = amor? Matemáticas puras.

Yo envío caritas riendo.

—Dime sí o no.

—Sí… Pero me cuesta decirlo, porque la mente se mete.

—Los "peros" sobran. "Pero" = a mente limitante/justificación. Estamos hablando de corazón. La mente es la interpretadora/tergiversadora. A veces la mente es una hija de la gran puta. Así como suena.

Yo vuelvo a reír virtualmente.

—Entonces —prosigue Curro—, si Eva = amor, y amor = bueno, Eva = buena "tol" rato.

Suelto una carcajada. Nunca sé por dónde va a salir este hombre… Él sigue su razonamiento de lógica aplastante.

—Lo que la mente interprete es cosa suya, de sus creencias, limitaciones, miedos y aflicciones. Así que sí, te enseñaré nuevos ejercicios.

—¡Ay, qué risa! Eres la leche.

—La montaña rusa de las emociones en una

conversación.

—Ya ves... Me das un miedo cuando te pones así...

—Del sudor y el corazón encogido, a la risa y el amor expandido.

—Ya estás espiando —bromeo, porque efectivamente estoy sudando de los nervios.

—No, solo quiero que veas esto. Es importante. En mí estaba siempre la misma energía y mi mensaje e intención eran los mismos. ¿Quién te hecho pasar por la montaña rusa? Ha sido tu mente e interpretación. Es muy interesante.

—La verdad es que sí.

—Pues hoy, medita sobre ello, ve a lo más profundo. Quién es Eva, quién es Curro y qué interpreta tu mente. Será bonito, hay un koan profundo en ello. A ver qué concluyes.

—¿Un koan no es como una pregunta imposible de responder?

—No pienses.

—Ya estoy sudando otra vez...

—Todos los koan tienen respuesta, solo que la repuesta no está en la mente. Así que, querida Eva, no pienses. Te quiero. Me encantan nuestras conversaciones. Gracias por todo lo que me pones de frente.

—Te quiero mucho. Gracias a ti.

Busco en internet qué es un koan para entenderlo mejor. En la tradición Zen es un problema que el maestro plantea a su alumno para comprobar sus progresos. Para resolverlo, este debe evitar el pensamiento racional e intuir lo que en realidad le está preguntando el maestro.

Me pongo a entrenar y en la meditación me pregunto: "¿Quién es Eva y quién es Curro?". La respuesta que obtengo susurrada desde un lugar profundo es: "Somos lo mismo, solo amor expresándose de diferentes formas para ayudarnos a evolucionar. En realidad, sería más exacto decir que, no es que seamos lo mismo, sino que ni siquiera somos. Ni siquiera existen ni Curro ni Eva".

EL RETIRO

TODO ES APRENDIZAJE

Voy conduciendo de camino a casa de Curro y estoy tan ilusionada que no soy muy consciente de que el coche va devorando kilómetros y me acerca, casi por inercia, a esta especie de retiro particular con mi maestro y amigo.

Ya en el Hara Festival, cuando le acababa de conocer, le dije que me encantaría visitarle y entrenar, escucharle hablar sobre OM training y acerca de la vida en general, simplemente pasar más tiempo con él. Curro lo niega siempre, pero creo que me tomó por una psicópata acosadora. "Y ahora, seis meses después, has logrado engañarle", bromeo conmigo misma.

—¿Cómo te sientes? —me preguntó hace un par de noches.

—¿Respecto a qué? ¿Respecto a ir o a qué?

—¿Cómo te sientes? —yo creo que cuando me repite las preguntas y obvia las mías sabe que me pone nerviosa...

—Feliz es la respuesta a todas las preguntas.

—¿Cómo está tu corazón? ¿Qué hay ahí? Cierra los ojos. Respira ahí. Dime.

—Felicidad —contesto, siguiendo sus indicaciones—. Y amor por la vida —añado, sintiendo el corazón desbordado de sensaciones.

—Qué bonito. Abraza la almohada y acurrúcate en las mantas, inhalando felicidad y exhalando amor por la vida. Duerme con esa sonrisa en el pecho, es decir, con esa consciencia, y permite a los sueños acunarte. Verás qué bonito.

Durante el viaje me vienen a la cabeza un montón de momentos de estos meses: conversaciones, entrenamientos, talleres, mensajes, meditaciones, risas, llantos... Cómo es esta vida de extraña y de mágica.

Cuando por fin llego y me abre la puerta del garaje, indicándome el camino hacia la plaza donde debo aparcar, sé que es imposible estar a un metro de él y esperar más tiempo para darle un abrazo, así que echo el freno de mano, me bajo del coche y me lanzo a sus brazos mientras sonrío de oreja a oreja. Así permanecemos unos minutos, como siempre que nos encontramos, y sigo teniendo aquella sensación del primer día: se funden todas mis corazas porque aquí no hay nada de lo que protegerse ni nada que disimular. Son muchos meses de trabajo, de confidencias, de confianza, de transparencia y de naturalidad. Y, mientras respiro profundamente, siento una inmensa gratitud estallando en mi pecho y colonizando cada centímetro de mi ser.

Su casa es luminosa y con muy buena energía, como la persona que la habita. Es de esos sitios que tienen sabor a hogar, aunque no sea el tuyo. Me encuentro con unas vistas preciosas al mar, una hamaca de cuerda junto a la terraza, una gran alfombra de sisal, un altar con un montón de objetos curiosos, cuencos tibetanos, un sofá que invita a charlar...

Dejo las maletas en la que será mi habitación estos días, que también se asoma al mar, saco un par de prendas que se arrugan, asumo que (como siempre) he traído muchas más cosas de las que necesitaré y vuelvo al salón, donde Curro ya ha dispuesto un zafú frente a otro y me dice que me siente. Sonrío. ¿Qué mejor manera de empezar un retiro que meditando? No me lo esperaba y me encanta.

Cruzo las piernas, apoyo el dorso de las manos sobre las rodillas y cierro los ojos. El corazón me late muy deprisa: estoy muy feliz de estar aquí y soy como una niña en un parque de atracciones. Siento mi energía alocada, revoloteando y dando saltos. Agradezco que Curro lo haya percibido y esté haciendo justo esto.

Me dice que respire profundamente, y creo que le estoy haciendo caso, pero me susurra: "Desde el estómago, Eva" y tomo consciencia de que, con tanta emoción, debo estar cogiendo aire a la altura de las clavículas. Intento concentrarme en su voz, que va marcando inhalaciones, retenciones y exhalaciones. Me dice que visualice el Hara y que queme en él toda expectativa que traiga, todo el pasado y todo el futuro. Me pone en cada mano algo, que intuyo que son cuarzos, y empieza a hacer sonar diferentes cuencos muy cerca de mi cuerpo o incluso sobre él. Siento cómo mis músculos se relajan, cómo las tensiones se van y cómo toda yo me voy equilibrando, entrando en un estado de paz absoluta.

Me pide que abra los ojos. Vuelve a estar sentado delante de mí. Nos mantenemos la mirada, sin incomodidad, sin ninguna pose, solo la verdad de nuestras almas una frente a otra. No es la primera vez y vuelvo a percibir una ola de ternura infinita que se lleva absolutamente todo lo que no es real, una dulzura que me eleva y me posa con suavidad en el centro de mi ser. Es una sensación tan profunda que me mareo un poco, ebria de tanta belleza.

Me vuelvo a quedar unos minutos con los ojos cerrados. Cuando los abro, me encuentro el libro "El Budismo en la vida diaria", de su maestro Tulku Lobsan Rimpoche, apoyado en su zafú. Me lo prometió cuando vino a impartir el taller de OM training en Madrid y no se me ocurre una manera más bonita de dármelo. Lo abro y hay una dedicatoria que creo que acaba de escribir tras meditar juntos: "Gracias por la pureza de tu mirada".

Me pide que coja el libro entre las manos, que conecte con el corazón y que lo abra al azar. Lo hago y empiezo a leer mientras mi gurú del siglo XXI se pone a tender una lavadora. Es un pasaje acerca del sufrimiento. Dice que el mayor problema es que no somos conscientes de nuestra ignorancia, que tenemos apego y que nos enfadamos debido a ella y que este es el sufrimiento de la existencia condicionada. Pone el ejemplo de alguien, muy cansado de estar de pie, que se sienta y encuentra en ello mucha felicidad. Pero si permaneciera sentado en una silla mucho tiempo, empezaría a sentir dolor. Explica que ese dolor siempre ha estado ahí pero que no podía verlo: estaba feliz porque el dolor de estar de pie había cesado. Dice que siempre tenemos problemas y que la desaparición del problema es nuestra única felicidad.

De vez en cuando pregunto: "¿Sigo?" y Curro asiente, mientras coge otra camiseta mojada y un par de pinzas. Yo sigo leyendo sin entender bien, siendo consciente de que serán cosas que tendré que repasar muchas veces con calma hasta que un día, de repente, se muestren claras ante mí.

Toda esa tarde simplemente la dedicamos a charlar mientras hacemos algunos recados. Como siempre desde que nos conocimos, los roles que manejamos no tienen unas fronteras estrictas e inamovibles, de manera que muchas veces bromeamos y hablamos de tonterías, y otras tantas tratamos temas profundos donde me fascina escuchar al maestro. Creo que esto es así por varios motivos.

En primer lugar, nuestro primer encuentro no fue en un retiro ni en un taller, fue tomando unas tapas entre risas y prosiguió colocando moqueta, haciendo carteles, comprando artículos para decorar el hotel donde se celebraba el festival, etc. Nos hicimos amigos. Y después vino la certeza de que OM training era mi camino.

En segundo lugar, estoy convencida de que todo este proceso es tan transformador y confío tan ciegamente en él, precisamente porque se dan todas estas circunstancias. Al fin y al cabo, se supone que mi mente maestra es la que ha creado esta situación tal y como la necesito.

Así que, resumiendo, esa tarde podemos estar hablando de cualquier cosa y que, de repente, eso derive en una enseñanza profunda directa o en una pauta sobre cómo vivir más conscientemente. Por ejemplo, hablándole de una etapa un poco revuelta de hace algunos años, le cuento todo lo que pasó, las personas implicadas, mis sentimientos, cómo se resolvió… Narro hechos y en mi mente parece que ya está, eso es todo. Y él hace una sencilla pregunta: "¿Y qué aprendiste de todo eso?". Y mi cerebro explota, porque no me he parado para nada a hacer esa reflexión. He anotado cosas que no quiero que se vuelvan a repetir, he registrado emociones, puede que incluso haya levantado muros que, más o menos, se han ido desmoronando por diferentes seísmos, pero APRENDER, así con mayúsculas… No sé. Así que seis palabras son suficientes para que este gurú me enseñe muchas cosas: todo en esta vida es un aprendizaje.

También tratamos el tema de mi estrés en el trabajo,

que últimamente no sé gestionar y está muy desbordado: el último mes no he podido evitar llorar un montón de días, otros he estado con taquicardia y mucha ansiedad... Me desestabiliza y frustra no controlar esta situación, a pesar de todas las herramientas que he ido aprendiendo. Le cuento que la gente, con toda su buena intención, me dice que no me ponga así, que solo es trabajo, y que lo ven muy fácil, pero que no soy capaz de llevarlo bien.

Me reconforta que Curro, que es empatía "con patas", niegue con la cabeza y me diga que para nada es fácil, que me entiende, pero que vamos a averiguar qué me lleva hasta ahí. Que una vez que el proceso se ha desatado, hay un punto de no retorno desde el cual será prácticamente imposible que el resultado no se dé. Que debo tener mucha consciencia para parar mucho antes de llegar a ese punto y que no me preocupe, que lo vamos a trabajar juntos.

Y así va transcurriendo este primer día de retiro. No soy una persona que necesite grandes acontecimientos para ser feliz. Una buena conversación, los abrazos sinceros y poder ser yo misma, son de las cosas que más me gustan de este mundo. Y he disfrutado de las tres hoy. Doy gracias al universo por traerme personas y situaciones tan bonitas. Curro me dice: "Si estás aquí es porque lo mereces; si estás aquí es porque lo merezco", y me cuesta contener las lágrimas.

SEMILLAS QUE SE CONVIERTEN EN JARDINES

Estoy deseando entrenar en persona con Curro. Tengo muchas ganas de saber si hago bien los ejercicios y que me pueda corregir si no es así. Quiero aprender cosas nuevas y seguir meditando con su arrolladora energía cerca, a ver qué siento y qué ocurre. Así que nos ponemos a ello sin desayunar ni nada.

Me enseña algunos nuevos ejercicios. Uno es el "exprimidor", que consiste en apretar los músculos abdominales hacia adentro con todas tus fuerzas. Para que sea más consciente del trabajo, clava los dedos con fuerza en mis costados, lo que me ayuda a saber qué zonas hay que apretar como si me fuera la vida en ello. Luego, coloco yo mis manos en el mismo punto y contraigo toda la zona, a la vez que hago un poquito de retroversión de pelvis y curvo ligeramente el cuerpo. Es un ejercicio de fuerza y resistencia pero también de concentración porque hay que controlar muchas cosas a la vez. A eso se suma que hay que visualizar fuego interno y los músculos devorando la grasa desde dentro.

—En la grasa y en la retención de líquidos se

acumulan miedos y aflicciones —me explica—. Estamos construyendo una nueva Eva desde dentro hacia fuera.

Otro ejercicio nuevo es el de "apretar disco". Sujeto una pesa en forma de disco de 2,5 kg. por encima de la cabeza, la aprieto contrayendo todos los músculos del brazo (o al menos eso intento) y la voy bajando, las primeras veces hasta la altura del pecho y después ya hasta el ombligo. Hay que combinarlo con los parámetros del exprimidor y añadir también trabajo de trapecios. Curro ve mis caras (en realidad creo que lee mi mente, corazón y hasta mi alma) y me dice:

—Eva, estás aprendiendo. Lo estás haciendo muy bien. Sigue con esa concentración.

Lo repite a menudo, porque percibe mis dudas sobre mi fuerza física y capacidad mental para asimilar tantos detalles… Le llega toda la inseguridad que siento.

—No pasa nada, Eva, estás aprendiendo. Es brutal lo que estás haciendo.

De vez en cuando, como "descanso", me da un disco de 1,250 kg. para que lo apriete con las manos en Namasté. Así se las gasta el Curro entrenador.

A los ejercicios nuevos añadimos los que ya conozco: sprint, boxeo, armadillo, el loto, harapush, posturas de resiliencia… Lo bueno es que no le hace falta preguntar si estoy sudando, porque puede verlo con sus propios ojos.

Luego medito con las manos en el corazón y, para terminar, tumbada con la respiración 10/20. Todo parece ir bien hasta que empiezo a sentir una ola de tristeza que sube desde un lugar profundo como un tsunami. No me deja seguir respirando con la cadencia que tengo que hacerlo, ni permanecer en vacío, ni seguir con los ojos secos. Me tapo con el brazo la cara mientras las lágrimas empiezan a resbalar hacia el suelo. No sé muy bien qué hacer: no estoy en mi casa, no estoy sola. Curro me está guiando en el entrenamiento y no me parece correcto obviar las indicaciones que me ha dado. Sopeso todo y pienso que mi deber como alumna es obedecer y cumplir con las instrucciones que me ha marcado, así que permanezco en el suelo sin saber si le estoy incomodando ni qué estará pensando, pero sin poder evitar sentir lo que estoy sintiendo.

Pasan unos minutos y le oigo decir que la meditación ha terminado. Me da a elegir entre incorporarme ya o quedarme así un poco más. Me tumbo de lado y me tapo la cabeza con los brazos, no sé si como gesto de vergüenza o para cubrirme de los golpes virtuales que a veces recibo en este combate con mis emociones más recónditas.

Curro se acerca y me abraza, y creo que nunca he necesitado más un abrazo que en este momento. Así que me rompo ya del todo, en una de esas mezclas locas que tengo de tristeza, impaciencia, miedo y dolor, que salen desde un lugar oscuro y se encuentran con el agradecimiento, el amor, la luz, la confianza y la fuerza que también habitan en mí, y que Curro me está recordando con este abrazo y con su energía de guardián y protector que tanto me reconforta.

—Es que hay muchas cosas que no entiendo —le digo como puedo, porque mi garganta parece haberse cerrado y me cuesta respirar.

—¿Qué cosas? Pero, ven, vamos a hablarlas sentados —me dice llevándome al sillón.

Nos sentamos uno frente al otro y le miro a los ojos sin poder decir nada, aunque en realidad siento muchísima información agolpándose, empujando, queriendo salir para poder sanar. Me coge la mano con dos dedos, haciendo una pinza que me aprieta justo en el centro de la palma por ambos lados.

—Eva, cuéntamelo todo —me dice con esos ojos que dejan ver su esencia más pura de amor altruista.

Y yo me derrumbo y le cuento heridas profundas que creía sanadas, pero para nada. Recuerdos afilados como cuchillos que siguen clavándose en mi alma, situaciones que me avergüenzan, mentiras que me digo, verdades que no me creo, dolor que me ahoga… Hay minutos en los que relato muchas cosas seguidas y entonces me desmorono sobre mi brazo sollozando como una niña pequeña, pero al final de ese brazo está Curro sosteniendo mi mano todo el rato y entonces saco fuerzas y vuelvo a incorporarme porque entiendo que no estoy sola y que no me va a dejar caer.

Y eso se repite muchas veces. Yo hablo y hablo y, si paso mucho tiempo mirando hacia abajo, Curro, que ahora aprieta mi pulgar con fuerza, me dice:

—Eva, mírame. ¿Qué más?

Y yo me quedo mirándole a los ojos, como si necesitara asegurarme de a quién le estoy contando todo esto, y a veces incluso, el colmo de lo extraño, sonrío y me sonríe, y encuentro unos segundos de paz antes de volver a sentir que el dolor me atraviesa sin piedad y todo vuelve a empezar.

Por fin, llega un momento en que poco a poco me voy calmando. Es como si hubiera ido quitando un lastre de cada emoción que me anclaba a una ciénaga y las hubiera dejado subir a la superficie. Una vez ahí, al descubierto, va a ser más fácil observarlas, entenderlas y poder trabajar para transformarlas. Bucear en el lodo ha sido duro, normal que sintiera que me ahogaba.

Ahora miro a Curro, dispuesta a escuchar. Cierra los ojos y tarda unos minutos en empezar a hablar. Ya estoy acostumbrada y, siempre que sucede, yo también cierro los ojos e intento conectar con mi verdadero yo.

Lo primero que hace es darme un mantra que me ayudará a desarrollar más amor interno, a sentir a la guerrera y a ver que soy luz.

—Tu mantra es AMOR, RESPETO, ORGULLO. ¿Entiendes? No quiero que lo olvides.

Me dice que debo ir a la raíz de cada pensamiento oscuro para desmantelarlo, porque esos pensamientos también son semillas, pero oscuras, que dan flores negras. Que debo neutralizarlas y plantar en su lugar semillas de luz, llenar esos huecos con amor, y me asegura que crecerá dentro de mí un jardín precioso, con amapolas, con cerezos en flor (aludiendo a mis visualizaciones como una samurái), con higueras de ramas retorcidas, con mariposas y libélulas…

Me advierte, aludiendo a algunas situaciones que le he descrito y que me han dejado heridas que aún no han cicatrizado, que no debo dejar que se acerquen personas con una vibración tan baja a mi vida, pero que no me preocupe porque, si sigo trabajando como hasta ahora, llegará el día en que ni siquiera vendrán porque mi vibración no se lo permitirá.

Me asegura que tengo un amor inconmensurable y que sé lo que es el amor incondicional, que en mi corazón podría albergar al mundo entero. Me dice que debo ser consciente de ello y me vuelve a recordar mis dones: las manos y la palabra.

Me anima a que, cuando dude de mí, rote la consciencia hacia dentro, como si volteara los ojos para mirar mi interior, y que vea el abismo de cosas bonitas que soy. Que es un abismo de color rojo intenso lleno de amor, de luz, de fuerza, de honor y de compromiso.

—Vamos a por todas —asegura, y reclama con un gesto que responda, aunque no es una pregunta.

Yo asiento y le abrazo con fuerza.

—Te quiero mucho.

—Yo también te quiero mucho, saltamontes —y no añade el "pequeño" delante, no sé si por olvido o para que me sienta un poquito más grande—. Bueno, y ahora ya se acabó el drama. Vamos a hacer la comida —dice riendo.

Asombrosamente, al contrario de lo que hubiera pensado, estoy muerta de hambre. Así que nos ponemos a cocinar entre risas. Me sigue sorprendiendo cómo puede cambiar la energía por momentos. Me desconcierta un poco, pero intento registrar esta sensación para recordarla si vuelvo a caer en picado y parece que nada merece la pena.

Después de comer, dedicamos la sobremesa a que me cuente cómo conoció a sus maestros. Era algo que le había preguntado varias veces y que siempre habíamos pospuesto para un momento así.

—Han sido ocho años de enseñanzas, de trabajo, de rendición, de romper barreras mentales, de abrirme a la experiencia, de abrir mi corazón…

Ya esta primera frase me impacta. Muchas veces me ha dicho que sabe exactamente por qué procesos estoy pasando como discípula, pero ahora entiendo que es porque él ha vivido en primera persona algo similar. "Rendición", "abrir el corazón"… Entiendo el profundo calado de esas palabras.

—Hay tres maestros principales que a día de hoy marcan mi camino y un maestro eterno, que se llama VIDA. ZEN, BUDISMO, VIDA.

Yo contengo la respiración sin darme cuenta: cada

palabra que sale de su boca desprende solemnidad y emoción. Y del mismo modo lo recibe mi corazón.

—Miguel Mochales fue mi maestro Zen. A él tengo que agradecerle el entendimiento de la conciencia en el músculo; que me guiara a la puerta del vacío, al Nirvana; la resiliencia corporal, las prácticas de fuerza y de resistencia llevadas a estados de consciencia; la poesía, el orgullo y el honor; la mirada del samurái y el desapego.

Con esa descripción me es fácil reconocer la parte que viene de este primer maestro...

—Andoni Aljuria, Thupten Tendhar, monje budista tibetano. Él abrió mi corazón a la mente Búdica. Con paciencia y amor, sembró semillas de compasión, me enseñó a abrirme al Dharma, al amor altruista, a la mayor de las motivaciones: la Bodhicitta. Juntos trabajamos la integración del entrenamiento a la motivación, sanación y liberación, así como la integración del Karma y su disolución desde el entendimiento y la compasión.

Andoni ya ha salido en estas páginas: estuvo visitándole unos días. Es gran amigo suyo y se percibe en el cariño con el que habla de él. También es sencillo identificar la influencia de Andoni. Algunos meses después de esta conversación le conoceré (algo que ni se me pasó por la imaginación en este momento) y las palabras de Curro cobrarán aún más vida.

—El Lama Tulku Lobsang Rimpoche me hizo el precioso regalo de la realización del amor. Ejemplo de humildad y ecuanimidad, de él aprendí el Dharma, el Refugio, la Shanga, el Gurú Yoga, el bello reflejo que genera motivación para la realización de un camino, el entendimiento de la impermanencia, la integración del fuego interno y sus procesos de transmutación, la devoción, la rendición...

El Lama Tulku Lobsang Rimpoche es el maestro con el que estuvo de retiro, el autor del libro que me regaló ayer.

—De todos ellos aprendí esas cosas y muchas más —me dice sonriendo—. De todos ellos recibo ejemplo, admiración e inspiración para seguir en el camino. De todos ellos sigo aprendiendo cada día, ya que, con cada enseñanza, dejaron en mi corazón semillas de luz que van germinando a medida que voy abriendo el corazón y mi consciencia a la vida, sin juicio, en confianza, receptivo a mi mente maestra y aplicado a la mayor de las motivaciones.

Hace una pausa y cierra los ojos.

—Y luego, la VIDA, Evita, y todo el que se presenta delante de mí para mostrarme aquello que soy yo mismo, con el fin de entender e integrar, para transmutarlo y evolucionar.

Después escucho un montón de historias increíbles y me asombro como una niña pequeña ante los episodios que me narra. Agradezco mucho que él también demuestre confianza en mí y me deje conocerle mejor.

Cuando acaba, dice que deberíamos entrenar otra vez. Yo dudo si se trata de una broma, porque el entrenamiento de la mañana ha sido una paliza, por no hablar del agotamiento emocional posterior, pero rápido veo que está hablando en serio.

—Venga, a apretar disco —me dice, mientras yo finjo más pereza de la que siento al ponerme frente al espejo.

Vuelvo a entrenar afianzando lo aprendido por la mañana. Curro está casi todo el tiempo a mi lado, alejándose solo unos metros cuando se pone a preparar un té de jengibre que nos pasamos el día bebiendo. No es que sea el colmo de lo delicioso pero, estoy sudando tanto, que estoy deseando tomarlo.

En la resiliencia me da un cuenco enorme y me dice que lo sostenga frente al pecho, que note su vibración y cómo reverbera dentro de mí, que perciba la vibración del cuenco y la de mi corazón uniéndose acompasadas. Como teme que pase frío, intenta echarme una sudadera por la espalda, pero mis brazos están doblados hacia delante, así que decide ponerme la capucha en la cabeza con la sudadera colgando. Me da un poco de risa pero logro volver a concentrarme: soy una profesional, dadas las circunstancias.

Al final hace que me acerque mucho al espejo y que mire en lo más profundo de mi pupila izquierda. Me dice que visualice a mi niña interior, que la abrace, que le asegure que no está sola.

—Dile: "Lo estoy haciendo muy bien".

Mis ojos se humedecen. Le miro una fracción de segundo y asiente con la cabeza.

—Dile: "Me lo estoy currando con Curro".

Yo estoy en esa frontera en la que estás a un paso de reír o llorar, o de hacer ambas cosas a la vez.

—Lo estás haciendo muy bien, Eva, de verdad. Eres una campeona.

Y yo, que confío, siempre confío, decido creerle.

CALBLANQUE

Nuevo día, nuevo entrenamiento. Curro pone canciones que sabe que me gustan, y que me motivan, y yo me concentro dispuesta a dar lo mejor de mí.

Hacemos algún ejercicio nuevo, como sostener una especie de tronco de bambú frente al pecho, apretándolo a la vez que hago fuerza con ambas manos hacia dentro, hacia el centro, en un movimiento intermitente y constante.

También me da un par de pesas de un kilo y me indica que eche los brazos hacia atrás y que las sostenga para trabajar tríceps. Me parece de por sí una postura incómoda, así que dudo poder mantenerla con peso, pero lo intento. Cuando me canso, deshago y Curro hace su famosa cuenta atrás durante solo cuatro segundos.

Sigo haciendo sprint, el exprimidor, apretando disco, boxeando, etc., todo frente al espejo. Hoy me cuesta mirarme a los ojos y Curro me lo recuerda una y otra vez. Al principio creo que es solo despiste, o que me estoy fijando en el cuerpo para ver si estoy aplicando bien todo lo aprendido, pero pronto detecto que hay algo más y siento mucha resistencia a hacerlo. Curro sigue insistiendo cada pocos minutos. Yo solo hago caso durante un breve instante y luego vuelvo a desviar la mirada. Después de repetirlo unas diez veces, el tono cambia.

—Eva, los ojos. ¡Mírate a los ojos! —lo dice sin levantar la voz, pero con una autoridad que me recuerda al rugido de un león.

—Es que no quiero —digo bajito, un poco acobardada pero sin filtro.

Sé que percibe que me está costando porque hoy no me siento digna de hacerlo. ¿Fuerte? ¿Orgullosa? Después de derrumbarme ayer me falta un poco de confianza.

—O te miras a los ojos o te vas de mi casa.

Soy consciente de que no lo dice en serio, pero tampoco sonríe ni está de broma. Así que suspiro profundamente, cierro los ojos unos segundos para empoderarme un poco y fijo la vista en mis pupilas. "A ver esa compasión y ese amor interno, Evita", me digo mentalmente.

Cuando llega la hora de la resiliencia, me dice que voy a mantener la postura de los tríceps con las pesas. Yo alucino. Pienso que se ha venido arriba y que no se ha dado cuenta de que está ante una chica que no va al gimnasio ni hace pesas ni nada de eso. Aunque cualquiera dice nada.

Cojo las pesas e intento mantener la postura todo lo que puedo, pero deshago varias veces. Curro no dice nada más que "4, 3, 2, 1, ¡arriba!" y yo vuelvo a la posición.

En un momento dado siento tanto dolor que empiezo a pensar que ya está bien, que voy a deshacer del todo. "Que piense Curro lo que quiera", me digo. "Si piensa que soy débil y le decepciono, mala suerte". Y justo ahí, en la fracción de segundo antes de darme por vencida, como si hubiera oído un chasquido de dedos, todo el dolor desaparece de golpe. Me quedo muy sorprendida pero logro no salirme del estado al que he llegado no sé cómo. Mi mente intenta razonar pero consigo mantenerla a raya, no quiero perderme esto por intentar analizar la situación. Siento a Curro muy cerca de mí y me susurra:

—Estás ahí, Eva, cruza el umbral.

Con los ojos cerrados, miro hacia Ajna, el tercer ojo, que siempre me ayuda a no pensar. Y desaparezco.

Pasados bastantes minutos vuelvo. No sé si por mí misma o porque Curro dice algo. Al deshacer viene todo el dolor de golpe, como una punzada terrenal que, al fin y al cabo, me recuerda lo maravillosa que puede ser la vida.

Curro propone que medite con las manos en el corazón. Tengo una vibración brutal y siento mucha emoción subir de golpe a mis ojos, como si no pudiera contener todo lo que soy. Un rato después me indica que me siente y haga la meditación 10/20. Me echa una manta por encima que agradezco, porque la temperatura de mi cuerpo ha bajado y porque me siento cuidada y protegida.

Cuando me dice que abra los ojos poco a poco, veo delante de mí un té humeante y en mi corazón, expandido al máximo, no cabe más amor y gratitud.

Yo quiero conversar, contarle lo que ha pasado, preguntar cómo puede ser.

—Todavía no vamos a hablar. Escríbelo todo y ahora me lo lees, ¿vale? Sigue en silencio quince minutos o así.

Yo asiento y bebo un sorbo de té.

Me pongo a escribir sentada en el sofá mientras de vez en cuando miro el mar, las gaviotas volando en el cielo y a Curro que también está escribiendo algo en una libreta. Me siento como si estuviera soñando, tengo una sensación de irrealidad tan grande…

Cuando acabo se lo leo, aunque me extraña oír mi voz, como si no hubiera vuelto del todo de un lugar lejano en el que los sonidos no hacen falta...

—Has estado siete u ocho minutos en un estado de no-mente —dice Curro, hablando bajito, como si supiera perfectamente cómo me encuentro ahora mismo.

Yo, a medida que voy asentándome, le explico que lo de que "el dolor es mental" me parecía una frase hecha. Que no entiendo bien cómo se puede trascender ese punto y mantener ese estado. Él ríe al ver lo sorprendida que sigo.

—Estás flipando, ¿eh?

Yo también me río y termino de volver.

Curro me recuerda lo que leímos el primer día sobre el sufrimiento en el libro de Tulku mientras me hace un licuado con un montón de verduras y fruta que está más bueno de lo que me esperaba.

Me doy una merecida ducha y nos disponemos a salir. Hoy tenemos una visita muy especial que llevo seis meses esperando. Incluso he soñado con el lugar muchas veces.

Cuando nos conocimos en el Hara Festival, me contó que iba a construir un ashram para poder hacer retiros de OM training. Me dijo que el lugar se encontraba en un parque natural, el Parque Regional de Calblanque, y que era un entorno precioso. A mí me pareció la mejor idea del universo y, desde entonces, es como si una fuerza magnética me atrajera hacia allí. Estoy deseando ir.

A medida que avanzamos por el camino que nos adentra al parque, me voy quedando sin habla por tanta belleza. Pasamos junto a higueras con ramas retorcidas que parecen estar secas, pero veo hojas brotando, pinceladas verdes que anuncian vida. Miro a Curro y sonreímos, cómplices, recordando mi jardín interior.

Paramos ante una casa en obras que está siendo reconstruida y la emoción me invade. Estamos rodeados de unos extensos campos salpicados de flores, de montañas que se elevan majestuosas y del mar. Me cuesta articular palabra. Se respira tanta paz...

Curro me enseña la casa y me va contando cómo se van a distribuir las estancias, dónde se entrenará, las ideas que tiene para el ashram... Hasta los muros exteriores son especiales porque en la zona hay mucho cuarzo y aparecen rocas rosas, negras, violetas y blancas aquí y allá.

Temo que no se dé cuenta de lo conmovida que estoy y lo interprete como falta de entusiasmo, pero luego recuerdo que es Curro, que me conoce y percibe perfectamente. Nos quedamos en silencio respirando el aire frío que nos envuelve. Mi corazón no para de vibrar.

Nos dirigimos a la zona de la playa y veo largas pasarelas de madera que serpentean entre arena y vegetación y me invitan a acercarme al mar. Este tipo de paisaje siempre me ha fascinado y pienso en el síndrome de Stendhal y si seré capaz de asimilar tanta belleza. Estoy un poco en shock.

A lo lejos, bajando de un mirador, Curro distingue a unos amigos suyos que habían avisado de que venían. Cuando llegan a nuestro encuentro nos presentamos, nos damos abrazos y volvemos al ashram para que vean los progresos desde su última visita. Charlamos sentados en un muro de la casa, como una premonición de las muchas conversaciones que se darán en este lugar, compartiendo vivencias y risas.

Regresamos a la playa, donde ellos tienen sus caravanas y furgonetas aparcadas, y Curro anuncia que ahora volvemos, que vamos al mirador. Desde que hemos llegado a Calblanque, Curro ha repetido que quería subir conmigo. Yo pensaba que era para enseñarme las vistas, pero antes de ascender ha cogido un saquito en el que distingo por lo menos dos piedras medianas, una oscura y una clara, así que intuyo que algo tiene preparado para este momento.

Primero me enseña una especie de cúpula de ladrillo junto al mirador que, al parecer, albergaba un gran foco que alumbraba al mar, por si había que defender la zona de ataques. Me cuenta que sería un lugar muy especial para hacer meditaciones por las mañanas.

Luego nos dirigimos al mirador en sí, una plataforma circular rodeada por un muro bajito. Hay un cartel explicando cosas pero sé que no estamos aquí para eso.

Nos sentamos uno junto al otro. El ashram y la playa desde donde subimos quedan a mi espalda; a la derecha el mar. Enfrente la entrada al mirador, la cúpula y la montaña. A la izquierda más monte, vegetación y a mi lado Curro, que ya es consciente de dónde debe colocarse para que le escuche bien, dado que solo oigo por ese oído.

Tengo una extraña mezcla de tranquilidad y de nerviosismo, porque estoy con mi maestro y sé que nada malo puede suceder pero, al mismo tiempo, estoy segura de que lo que pase aquí me va a marcar para siempre.

Curro saca dos monedas chinas del mismo saquito de las piedras. Son esas monedas que tienen un agujero cuadrado en el centro y símbolos grabados. Me dice que las sostenga en un mudra con el dedo pulgar y el anular, el resto de los dedos extendidos, los ojos cerrados, los brazos estirados hacia delante y las piernas también estiradas, paralelas a los brazos. Hago todo lo que dice y mi mente me recuerda durante un segundo que detrás de nosotros subía más gente. "¿Qué pensarías si te encontraras a alguien como estás tú ahora?", me pregunto. "No lo sé, pero así aprenderé a no juzgar", me respondo. Y ya decido desconectar totalmente de esa voz, de las reticencias, del sentido del ridículo, de los miedos y de todo lo demás.

Curro empieza a hablar y me centro absoluta y exclusivamente en el sonido de su voz. Empieza a indicarme cómo debo respirar y a guiarme en una meditación, y ya no existe nada para mí si él, antes, no lo nombra.

Empiezo a sumirme en una especie de trance muy profundo.

—Siente que eres uno con todo lo que te rodea, Eva: conmigo, con la naturaleza, con todo... Escucha los sonidos, siente la brisa acariciando tu piel...

Me resulta fácil. Soy el mar acariciando la playa una y otra vez, soy el sol sonriendo desde el cielo, soy el viento bailando entre los arbustos, entre la gente, bailando y bailando sin parar... A mi cabeza llega la siguiente verdad: "Si eres el viento, si eres el mar, si eres el sol, ¿a qué tienes miedo? Nada puede hacerte daño".

—Eva, eres fuerza, eres orgullo, eres compromiso, eres honor, eres confianza. Aquí están todos los elementos: el agua, el aire, la tierra, el éter (el espacio donde todo sucede) y tú, que eres fuego. Únete a ellos.

Y yo siento que me desdoblo, que una esencia de color rojo intenso permanece donde estoy, como una esfera de magma candente, pero que el resto de mi cuerpo se va, se reconoce en todo lo que le rodea, juega con cada brizna de hierba, con cada gota de agua...

Oigo voces. Alguien ha subido al mirador. Las escucho un poco amortiguadas y lejanas, pero percibo su presencia. Curro posa con suavidad una mano en mi espalda y se acerca a mi oído.

—Nada te puede sacar de este estado, sigue ahí. Son dos mujeres, una rubia y una pelirroja. Tienen un perrito. Escucha el sonido de sus patitas y cómo está oliendo aquí y allá, pero no abandones el estado en el que estás.

No lo hago. Soy consciente de su visita unos minutos más, pero sobre todo siento la mano de Curro y su energía ayudándome a permanecer donde estoy.

—Ahora, Eva, suelta completamente. Desvanécete del todo. Confía.

Y siento esa bola de magma fundiéndose, cayendo lentamente hacia el suelo y desapareciendo en él.

Viene más gente, hablan en alemán. Les oigo pero siento que no estoy. Aún así, percibo la energía de Curro a mi alrededor como un guardián.

—Eva, ahora ves bajando las piernas —dice en algún momento, sin que yo pueda cuantificar cuánto tiempo ha pasado.

Al volver a poner la atención en mi cuerpo, noto una intensa vibración que lo está recorriendo desde la cabeza hasta los pies.

—Deshaz la posición de los brazos y abre los ojos muy poco a poco cuando estés preparada.

Lo hago y le miro. Nos sonreímos. Coge las monedas de mis manos y me da las piedras. Una es gris oscuro, la otra rosada con vetas de color gris claro. Me dice que me ponga de pie y él se cambia de sitio, poniéndose de espaldas al mar, y eso hace que yo me gire también. Ahora tengo a Curro y al mar de frente.

—Son piedras que he cogido aquí en la playa de Calblanque. Entrené con ellas el 31 de diciembre. Coge una en cada mano y ponte puño contra puño apretando las piedras.

Lo hago y siento las piedras frías dentro de mis manos. Permanezco así unos minutos.

—Ahora, Eva, extiende los brazos hacia los lados, junta las escápulas, abre tu corazón a este momento. Siente

Zen para no iluminados

el viento.

Es fácil sentirlo porque se ha levantado bastante. Lo noto como un aliado poderoso, llevándose todo lo que no necesito. Es un momento liberador y en el que siento un gran poder.

—Abre los ojos.

Aunque el día estaba bastante nublado, el sol ha aparecido de la nada y resplandece sobre el mar como en una postal. Parece que haya dibujado un precioso camino dorado ante mí.

—Mira el mar, Eva. Mira el horizonte, mira la inmensidad, esta eres tú realmente. No permitas que nada ni nadie te saque de ahí.

Mantengo la mirada unos segundos más en el paisaje y luego miro a Curro, agradecida por esta experiencia mágica que he vivido. Mientras le abrazo con fuerza me dice:

—Esta es la puerta, ahora decide cuál va a ser la llave para traerte aquí siempre que lo necesites.

Nos quedamos unos minutos más sentados, dejando que mi alma integre completamente todo lo vivido en este mirador.

—¿Sabes? —dice mirándome a los ojos—. Creo que deberíamos contar todo lo que hemos compartido estos meses, Eva. Siento que va a ser de gran ayuda para muchas personas. ¿Quieres escribir un libro sobre OM training y todo lo que ha sucedido desde que nos conocimos?

Me parece el proyecto más bonito que habrían podido ofrecerme y siento que sí, que todo esto debería saberse. Y es como si con cada latido de mi corazón, se produjera una potente ola expansiva de amor y gratitud. Antes de OM training nunca había sentido mi corazón así. Y ahora… Tantas veces…

Nos levantamos y emprendemos el regreso. Mientras avanzo disfrutando de la belleza del lugar y de todo lo vivido hoy, siento que parte de mí se queda en este rincón del mundo. Curro me pregunta:

—¿Y bien? ¿Cuál va a ser la llave que te vuelva a traer mentalmente a este momento? ¿Has elegido ya un mantra o una palabra?

En mi cabeza estaba claro desde el principio. Sonrío y contesto:

—Calblanque.

Y sé que nada acaba aquí. Que, de hecho, todo acaba de empezar…

EPÍLOGO Y NOTAS DE LOS AUTORES

Zen para no iluminados

EPÍLOGO

Estás de pie frente a mí con los brazos extendidos, imitando mi postura en el mirador pero con tu osito de peluche colgando de una de las manos.

—¿Era así? —preguntas con los ojos muy abiertos.

—Sí, justo así. Perfecto —contesto rozándote la punta de la nariz con uno de mis dedos.

—¿Y el perrito cómo era?

Me río, recordando que eres una niña y los detalles que te interesan a ti pueden ser diferentes a los que le llamarían la atención a un adulto.

—Es que tenía los ojos cerrados. ¿Te acuerdas?

Asientes, despacio.

—¿Y no tenías miedo?

—No, porque yo era el mar —digo, imitando las olas con el movimiento de mis brazos— y era el viento bailando —prosigo, mientras muevo el tronco al compás de una música imaginaria— y era el sol —y abro los brazos como si fueran unos rayos capaces de iluminar cualquier rincón.

Aprovechas y te lanzas contra mi pecho y yo te acojo y acuno.

—¿Tú tienes miedo? —te pregunto, separándote un

poquito de mí para poder ver tus ojitos.

Apartas la mirada y mueves tu cabecita de arriba abajo.

—Yo a veces también.

—¿Sí?

—Sí, pero cada vez menos veces y cada vez menos miedo... Y a ti también te pasará. Te lo prometo.

Sonríes y mi corazón se ilumina al verte feliz.

—¡Yo también quiero unas piedras para entrenar!

Y tiras fuerte de mi mano, para que me ponga de pie y salgamos al jardín.

Y, bajo la luz plateada de la luna, seguimos construyendo sueños juntas, cada vez más libres, cada vez más fuertes...

NOTA DEL AUTOR (CURRO ORTIZ)

¿Quién elige a quién, el maestro o el alumno?

¿Quién decide o etiqueta las posiciones?

¿Quién pone al maestro en esa posición?

¿Quién otorga el poder de la maestría y asume la posición desde la humildad del aprendiz?

¿Por qué aparece el maestro en nuestra vida y cuál es su función? ¿Qué representa en realidad?

Caminamos por la vida cargados con una mochila, una mochila de condicionantes, aprendizajes limitantes.

Etiquetas impuestas por nosotros y por el reflejo de lo que otros proyectan en nosotros.

Caminamos angustiados por el pasado, por los miedos y aflicciones de este pasado. Caminamos estresados por el futuro, las expectativas de este futuro, la ansiedad sobre sus resultados, el porvenir.

A menudo olvidamos confiar, olvidamos esta energía que es la energía primordial, la que te da la fe para estar en la vibración de la ola sin miedo, sin proyecciones.

Es desde que tenemos uso de razón que, para protegernos, formamos un "personaje", cargado de todas esas condiciones y corazas. Corazas que sirven para ponernos en un lugar seguro. Ese es el trabajo del ego, necesario para sobrevivir, pero, a menudo, transmutador de la esencia que somos. A veces dejamos de ser quienes somos, para ser "eso" que el ego ha creado, olvidando nuestra esencia, nuestro ser más puro, nuestra verdad, nuestra luz. Saliendo del camino que elegimos al nacer, cuando éramos unos niños y en los sueños infantiles, cuando confiabas en que todo era posible y te veías haciendo hazañas maravillosas.

Un día nos vemos caminando un camino muy distinto, viviendo una vida muy distinta a la que habíamos soñado y te preguntas: "¿Qué hay de mí en todo esto?"

A menudo, cuando amplías la conciencia sobre quién eres, qué haces aquí, qué hay de tu verdad en ti, entras en una espiral que se torna claustrofóbica.

Sientes miedo, soledad, angustia.

Una sensación de anhelo, pero, ¿a qué?

A tu verdad, a tu esencia, a tu propósito. A la fe en ti, en tu confianza.

Entonces, ¿cómo reconocerte?

Cómo llegar a verte, si el espejo ya no te sirve para ello, si te miras y no te ves en él.

Si aquello que ves no te gusta, no sientes orgullo por ello, a veces no hay ni amor, no hay fe, no hay creencia... Ni mirarte a los ojos puedes.

¿Quién te va a guiar en este camino?, ¿qué mano vas a tomar para impulsarte?, ¿quién te dará las "claves" que necesitas?... De ahí ese sentimiento de anhelo, la búsqueda del maestro.

Todas estas preguntas, dudas, miedos, vienen desde la mente burda, la que cosifica, la que etiqueta, la que justifica para estar en el "personaje" (en miedo y ansiedad, justificándolo todo y dándole valor a esos pensamientos).

Pero, ¿qué hay de la mente maestra? Esta mente pura que todo lo sabe, esta que llamamos a veces intuición, que nos da las respuestas, esta que todo lo ve, esta que es clara y conocedora.

Esta mente, que es más sabia que nosotros mismos, que el personaje que nos montamos, que la mente que maneja a ese personaje.

Esta mente maestra es la que pone delante de nosotros a las personas que necesitamos para entender la película, a veces en forma de dolor, a veces en forma de admiración. Siempre se muestran como un espejo de nuestro personaje, para ir al entendimiento de lo que somos y poder, desde ese entendimiento, crecer, cambiar, mejorar nuestra versión, aceptar, estar orgulloso, creer, abrazar lo que somos, amarnos.

Todo lo que vemos en el otro lo reconocemos, como bueno o malo, porque está en nosotros, de lo contrario no podríamos reconocerlo, así como no reconocemos lenguas de otras civilizaciones que no hemos aprendido, porque no forman parte de nuestra verdad, de nuestro conocimiento.

Así pues, cuando vemos/reconocemos una traición es porque reconocemos ese hecho y lo etiquetamos de traición, generando la emoción del sufrimiento, decepción.

Pero, si vemos ese hecho, e intelectualmente lo interpretamos/etiquetamos de traición, es porque nosotros hemos traicionado a otros o nos hemos traicionado a nosotros mismos, tal vez no haciendo lo que debíamos de hacer, no tomando decisiones y cambios. Es por ello que hay que ir a la raíz del entendimiento, más allá de las justificaciones de la mente para estar en la autocomplacencia. Ir a la raíz para entender qué nos muestra este maestro, cuál es la enseñanza, dónde estoy yo respecto a este hecho, cuál es mi responsabilidad y cómo suelto, libero al otro, para ser libre y estar en paz, para realmente trascender y aprender de ese acontecimiento, para que no se vuelva a repetir en mí y, lo más importante, no vuelva a repetirlo yo en otros.

Cuando vemos/reconocemos en el otro amor, belleza, cuando sentimos orgullo, admiración, cuando nuestro pecho se expande tan solo por sentir a otro ser, es porque estamos reconociendo en el otro ese aspecto de nosotros mismos, el amor que en esencia somos.

Cuando la naturaleza nos estremece, cuando somos uno con el todo, cuando no hay distancia entre lo que soy yo y lo que me muestra, cuando el amor es tan fuerte que una sola caricia del viento en las mejillas me recuerda la vida que habita en mí, es porque yo soy ese amor, esa vida.

A veces somos elegidos por otros, a veces las mentes maestras de otros nos atraen a sus realidades, para ser maestros, espejos de enseñanza, de cualidades inherentes, de sabiduría, conocimiento.

A veces, otros nos hacen sus maestros

conscientemente, se nos pone esa etiqueta y un día eres su gurú, su mentor, su maestro.

A veces te conviertes en ese ser precioso, al que amar, admirar, en quien confiar y a veces también dudar.

A veces la vida te ofrece esta posición de maestro, este regalo, donde cada palabra, cada enseñanza, cada vivencia, son palabras, enseñanzas, vivencias que te dices a ti mismo, para recordarte quién eres, cuál es tu propósito.

Es justo en ese instante, cuando entiendes que no hay distancia entre maestro y aprendiz, que ves la espiral infinita que se traza en esa realidad, donde no hay principio ni final, cuando el maestro se torna aprendiz y el aprendiz maestro.

Yo solo puedo estar agradecido.

Agradecido a ti, Eva.

Agradecido por haberme proyectado en tu mente y traído a tu lado.

Agradecido por la confianza.

Agradecido por tu entrega y fe (en ti).

Agradecido por el honor y la fuerza que pones en cada empuje, sostén.

Agradecido por el amor que pones y la proyección tan bonita de mí que creas en tu mente.

Agradecido por toda la enseñanza que pones frente a mí, por ser mi maestra y espejo de vida.

Agradecido por dedicar tanta vida, amor, confianza, constancia a escribir este libro.

Agradecido por toda la poesía.

Cuando el amor es el motor.

Cuando no hay excusas para hacer que palpite el corazón.

Cuando no somos más lo que nos decimos, sino que nos expresamos desde la pureza.

Cuando desaparece el yo y se manifiesta la compasión.

Cuando la motivación no es uno mismo, sino el otro.

Entonces, solo entonces, sucede la magia.

Curro Ortiz.

NOTA DE LA AUTORA (EVA REYES)

"Sigue siendo el viento que mueve las hojas de los cerezos en flor. Inspiración y amor".

Estas fueron las palabras de Curro unos días antes de terminar la redacción de este libro. Es fácil entender que estos últimos siete meses me parece haber estado viviendo una película, una novela, un sueño... Porque todo lo que recoge este libro, ha sucedido en siete meses. Siete meses desde que conocí a este gurú del siglo XXI risueño, cercano, sabio y puro amor.

Ninguno de esos días en los que, años atrás, me sentía presa en una vida que no era la mía, en ninguno de esos momentos en los que me sentía pequeña, sin rumbo y sin comprender nada de lo que sucedía a mi alrededor, podía siquiera imaginar verme inmersa en un proceso como el que he descrito en estas páginas.

Curro fue primero mi amigo. No sé si él lo recordará pero, cuando estaba acabando aquella primera semana en que nos conocimos, me escribió: "En mí tienes un gran amigo de por vida. Te quiero mucho y veo en ti toda la fuerza y la guerrera que eres". A los dos meses, tras el segundo festival en el que coincidimos, empezó la faceta de maestro, de gurú.

Un maestro enseña, un gurú guía y un amigo te quiere. Y si las tres cosas coinciden en la misma persona, ¿cómo no vas a sentirte la persona más afortunada del universo?

Como se ha visto, ha habido muchas risas, muchas lágrimas, mucho miedo, mucha superación, mucho de todo, porque soy un poco intensa, un remolino de sentimientos andante... Pero, sobre todo, he sentido mucha empatía, mucha protección, mucho empoderamiento y mucho amor.

Cuando Curro me propuso este libro, pensé que iba a ser una recopilación más o menos aséptica de entrenamientos y meditaciones. No me imaginaba que iba a suponer exponer mis emociones más íntimas y conversaciones que, en principio, eran privadas. Pero pronto la escritura tomó sola este rumbo en el que el corazón pasó a dictar las palabras. Supongo que se trata de un Wu Wei literario. Muy apropiado, ya que uno de los apodos con los que llamo a Curro es "señorito Wu Wei", pero solo porque él atacó primero con su "señorita alemana".

Yo solo puedo dar las gracias.

Gracias al universo y a todas las circunstancias que confluyeron y encajaron en este maravilloso puzle que permitió que nos conociéramos.

Gracias, Curro, por cada uno de tus abrazos, que empezaron a sanarme antes que tus enseñanzas. Gracias por tu apertura a esta amistad de forma tan natural y generosa. Gracias por tu paciencia en mis momentos "polilla", fascinada por tu luz. Gracias por escucharme siempre, siempre, que lo he necesitado, sin excepción. Gracias por los momentos en que nos hemos partido de risa. Gracias por compartir mis cargas cuando yo sentía que no podía con ellas y por ayudarme a lanzarlas lejos cuando he estado preparada para ello. Gracias por OM training. Gracias por cada enseñanza. Gracias por este proyecto tan bonito y por el proceso tan increíblemente bello de construirlo juntos. Gracias por tu inmensa sensibilidad. Te quiero mucho.

Escribir este libro ha sido transformador y una experiencia indescriptible. Espero que a ti, que sostienes estas páginas entre tus manos, te haya regalado un poquito de inspiración.

Confío...

Eva Reyes

CURRO ORTIZ (1975), creador de OM training, se dedicó al mundo de la empresa desde muy pronta edad, mayormente en el sector del ocio.

En el año 2012, de forma fortuita, empezó a entrenar Zen con el maestro Miguel Mochales en su Dojo de Madrid, llegando a formar parte del proyecto de creación del entrenamiento Zen Power, siendo socio y cocreador del mismo durante tres años.

Inició su propio camino en sus viajes a Tailandia e India donde, en visitas a monasterios, conoció personas y maestros que dictarían un nuevo rumbo a su vida. Surgió así la necesidad de seguir nutriéndose para perfeccionar y enseñar su práctica.

Desde entonces ha continuado ampliando sus conocimientos sobre la mente, trabajando y compartiendo largos periodos de entrenamiento, talleres y enseñanzas con su gran amigo, el monje tibetano Thupten Tendhar.

Este aprendizaje se ve completado con las enseñanzas de otro de sus maestros, el Lama Tulku Lobsang Rimpoche.

En la actualidad imparte regularmente talleres presenciales y sesiones individuales y colectivas de OM training en aquellas ciudades y países donde es solicitado. También lleva a cabo entrenamientos online con personas residentes en cualquier parte del mundo.

EVA REYES (1977) es una escritora española nacida en Alemania, licenciada en Derecho y funcionaria de la Administración Local.

Sus dos primeras novelas, "El Jardín Prohibido" y "La nebulosa del huevo frito", fueron publicadas en 2015 y 2017, respectivamente.

A partir de 2018 empezó a profundizar en el yoga y en la meditación, formándose en 2018 como profesora de yoga y descubriendo en 2019 OM training: el método de entrenamiento y meditación creado por Curro Ortiz. Fan absoluta desde el primer instante, OM training se convirtió, más que en una práctica, en un modo de vida. Actualmente es parte del equipo de OM training.

"Zen para no iluminados" (2020), coescrita con Curro Ortiz, es su tercera obra.

.

NOTAS DEL LECTOR

NOTAS DEL LECTOR

NOTAS DEL LECTOR

NOTAS DEL LECTOR

NOTAS DEL LECTOR

NOTAS DEL LECTOR

Printed in Poland
by Amazon Fulfillment
Poland Sp. z o.o., Wrocław